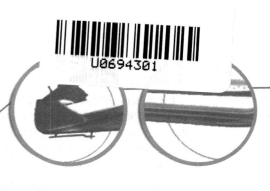

U0694301

中等职业教育
汽车类专业系列教材

汽车零部件总成识别

QICHE LINGBUJIAN ZONGCHENG SHIBIE

◀ 主 编 \ 梁 建 魏文健 谢 军
◀ 副主编 \ 张 敏 夏天际 廖连荣

重庆大学出版社

内容提要

本书是根据《中等职业学校汽车类专业教学大纲》《重庆市中等职业学校汽车类技能考试考纲》要求,并参照国家规划教材的知识体系和国家汽车修理工职业标准编写的。本书主要内容包括项目一汽车基础知识、项目二识别发动机零部件总成、项目三识别汽车底盘部件、项目四识别汽车电气设备、项目五识别车身及附件。本书结合教学实际,以及学生对技能、知识的认知规律,采用项目—任务方式编写。每一任务学习结束后有任务测试,每一项目学习结束后有项目学习鉴定。

本书以能力为本位,知识由浅到难,基础性较强,以图为主,可作为中等职业学校汽车类专业教材,也可作为相关专业技术人员的参考用书。

图书在版编目(CIP)数据

汽车零部件总成识别 / 梁建,魏文健,谢军主编.--
重庆:重庆大学出版社,2020.7(2025.1 重印)
ISBN 978-7-5689-1916-6

Ⅰ.①汽… Ⅱ.①梁…②魏…③谢… Ⅲ.①汽车—
零部件—高等职业教育—教材②汽车—零部件—高等职业教育—教材 Ⅳ.①U46-05

中国版本图书馆 CIP 数据核字(2019)第 265988 号

中等职业教育汽车类专业系列教材
汽车零部件总成识别
主 编 梁 建 魏文健 谢 军
副主编 张 敏 夏天际 廖连荣
策划编辑:章 可

责任编辑:李定群 版式设计:章 可
责任校对:万清菊 责任印制:赵 晟

*

重庆大学出版社出版发行
出版人:陈晓阳
社址:重庆市沙坪坝区大学城西路 21 号
邮编:401331
电话:(023)88617190 88617185(中小学)
传真:(023)88617186 88617166
网址:http://www.cqup.com.cn
邮箱:fxk@cqup.com.cn(营销中心)
全国新华书店经销
重庆新生代彩印技术有限公司印刷

*

开本:787mm×1092mm 1/16 印张:10.75 字数:250 千
2020 年 7 月第 1 版 2025 年 1 月第 2 次印刷
ISBN 978-7-5689-1916-6 定价:29.00 元

Preface 前言

　　本书在内容上简明实用，编者选出形象贴切的图片，用简短的文字介绍汽车基本组成部分的构造、类型和基本原理尽量图文并茂，书中内容浅显易懂，生动形象，有较强的实用性，有利于实践教学，也方便初学者使用。

　　本书以汽车4个基本组成部分为知识主干，在介绍汽车基础知识的基础上，对发动机、底盘、电气、车身进行介绍，主要突出对汽车4个基本组成部分总成的识别，是汽车相关专业熟悉汽车总成的重要教材。项目一介绍汽车基础知识，项目二介绍识别发动机零部件总成，项目三介绍识别汽车底盘部件，项目四介绍识别汽车电气设备，项目五介绍识别车身及附件。

　　编写本书时，编者结合国家汽车修理工职业标准，本着理论与实用并重的原则。同时，参考了相关书籍资料，得到了许多同行的大力支持，在此向所有提供帮助的同志们表示感谢。

　　本书由梁建、魏文健、谢军任主编，张敏、夏天际、廖连荣任副主编。本书主要供中等职业学校汽车类相关专业教学使用，广大对汽车知识感兴趣的读者，以及汽车类及相关服务行业人员培训和学习使用。

　　由于汽车专业知识、技术更新快，职业教育也在深化校企合作，教学改革也在不断进行，加之编者水平有限，书中难免有疏漏之处，恳请广大读者和专家提出宝贵的意见，以便及时修订。

编　者

2019 年 7 月

Contents 目录

项目一　汽车基础知识

【项目描述】

现代汽车都是由多个装置和机构组成的。不同型号、不同类型、不同参数及不同厂家生产的汽车,都是由发动机、底盘、电气设备及车身四大部分构成的。通过本项目的学习,了解汽车的主要参数,识别车辆的类型,识别车辆的总体构造及布置形式。

【项目目标】

①学习汽车的主要参数。
②掌握 VIN 码的识读。
③能对汽车进行正确分类。
④能识别汽车的布置形式。

任务一　了解汽车的主要参数

【任务描述】

汽车的主要参数包括整车的长、宽、高,轴距、轮距,以及离去角、接近角、通过角及最小离地间隙等。识别车辆信息主要通过解读车辆识别码(VIN 码)。

【任务目标】

①识别车辆主要的外观尺寸。
②识别车辆的通过参数。
③解读车辆识别码的具体信息。

【任务内容】

一、汽车的外观尺寸

汽车的长、宽、高是车辆最外围的数据,如图 1.1 所示。前后长度包含保险杠的长度;一般宽度不包含反光镜尺寸(当厂家明确给出多种宽度时,则添加不含反光镜尺寸数值;若厂家只给出一种数据,则添加该数据);高度包含行李架,但是不包含天线。

图 1.1 车辆的外观尺寸

(一)车身长度

车身长度是垂直于车辆纵向对称平面并分别抵靠在汽车前后最外端突出部位的两垂面之间的距离。简单来说,就是汽车长度方向两极端点间的距离,如图 1.2 所示。

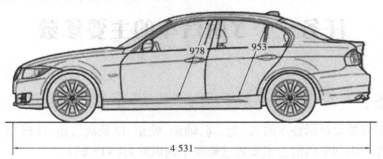

图 1.2 汽车的车身长度

车身长意味着纵向可利用空间大,前后排腿部活动空间都较宽裕,乘坐人不会有压抑感,但车身太长会给转弯、调头和停车造成不便;相反,如果车身较短,如微型车,乘坐在前排的人经常是腿没办法伸直,而坐在后排的乘客的膝盖常常顶到前排座椅背部,无论是坐在前排还是坐在后排都很容易产生疲劳感。

(二)车身宽度

车身宽度是车身两侧钣金固定最突出部位之间的距离,如图 1.3 所示。简单来说,就是汽车最左端到最右端的距离。其中,所说的"两侧钣金固定最突出部位"并不包括后视镜、侧面标志灯、示廓灯、转向指示灯、挠性挡泥板、防滑链以及轮胎与地面接触部分的变形。

图1.3 汽车的车身宽度

宽度主要影响乘坐空间和灵活性。对乘用轿车,如果要求横向布置的3个座位都有宽阔的乘坐感(主要是足够的肩宽),那么车宽一般都要达到1.8 m。近年来,由于对安全性的要求,车门壁的厚度有所增加,因此,车宽也普遍增加。车身宽的好处是乘坐在后排的乘客不会感到拥挤,大大提高了乘坐舒适性,但这会降低车在市区行驶、停泊的方便性。因此,对于轿车来说,车宽2 m是一个公认的上限。接近2 m或超过2 m的车都很难驾驶。但汽车的宽度也不能过窄,过窄会使前后排的乘客感到拥挤,长时间行驶或乘坐易使人产生疲劳感。

(三)车身高度

车身高度是指一个车在水平路面上,轮胎充气为厂商规定的标准胎压情况下,从地面到车顶最高点的垂直距离。车身高度通常是指汽车在空载但可运行(加满燃料和冷却液)的情况下的高度,如图1.4所示。

车身高度直接影响车的重心和空间。大部分轿车高度在1.5 m以下,与人体的自然坐姿高度相比低很多,牺牲了不少乘坐者的头部空间,主要是出于降低整车重心的考虑,以确保高速过弯时不会翻车。MPV、面包车等为了营造宽阔的头部空间和载货空间,车身高度一般在1.6 m以上,使整车重心升高,高速过弯时更容易翻车,这就是高车身车种的一个重大特性缺陷。此外,大部分的室内停车场都有高度限制,一般为1.6 m,这也为车身高的车种带来了某种限制。

(四)轴距

轴距是指汽车前轴中心到后轴中心的距离。一辆车的轴距基本代表了一辆车的级

高度

图1.4 汽车的车身高度

别。对于乘用车来说,由于乘用空间布置在前后轴之间,因此,轴距是影响乘坐空间的重要因素。长轴距使乘员的纵向空间更大,可获得更宽敞的腿部和脚部空间,如图1.5所示。

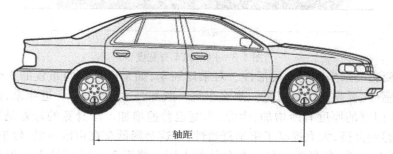

轴距

图1.5 汽车的轴距

相同轴距的两款车,车内的乘坐空间也不一定完全一致。例如,可通过使用扭力梁式的后悬架和减小座椅厚度等方法来改善和弥补乘坐空间的问题。总的来说,轴距基本决定了一辆车的乘坐空间。

(五)轮距

轮距是指车轮在车辆支承平面(一般是地面)上留下的轨迹的中心线之间的距离。如果车轴的两端是双车轮,则轮距是双车轮两个中心平面之间的距离。一般来说,轮距越宽,驾驶舒适性越好,如图1.6所示。

汽车的轮距有前轮距和后轮距之分。前轮距是前面两个轮中心平面之间的距离,后轮距是后面两个轮中心平面之间的距离,两者可以相同,也可以有所差别。前后采用不一样的轮距是为了调整车辆的行驶特性。由于重心分布和悬挂设计的差异,因此,不同的车辆会表现出不一样的行驶特性。有的车辆具有转向过度的趋势,有的车辆则容易转向不足。若后轮距大于前轮距,则可纠正车辆的先天性转向过度,因为大轮距的后轴能提供更大的侧向支承,延迟甩尾的出现;若前轮距大于后轮距,则有助于改善车辆易转向不足的缺点。

图 1.6 汽车的轮距

二、汽车的通过性参数

(一)离去角

离去角是指汽车满载、静止时,自车身后端突出点向后车轮引切线与路面之间的夹角,即水平面与切于车辆车轮轮胎外缘(静载)的平面之间的最大夹角。位于车轮后面的任何固定在车辆上的刚性部件不得在此平面的下方,如图 1.7 所示。

在车辆下坡时,需要考虑离去角。车辆一路下坡,当前轮已行驶到平地上,后轮还在坡道上时,后保险杠会不会卡在坡道上,关键就在于离去角。离去角越大,车辆就可由越陡的坡道上下来,而不用担心后保险杠卡住动弹不得。

(二)接近角

接近角是指在汽车满载(最大总质量)、静止时,车辆前端的凸出点(特别是一些硬派越野车安置在车头处的绞盘也要算在其中)向前轮所引的切线与地面构成的夹角,如图 1.8 所示。

图 1.7　汽车的离去角

接近角是衡量汽车通过性的指标之一。接近角越大,越不易发生触头事故。这个参数并不能完全决定一辆车的通过性和越野能力,还需要综合其他参数和实际情况。接近角并不是只对 SUV 重要,轿车同样需要一定的通过性。平时上路缘、小陡坡、渡船等都要考验汽车的接近角,接近角大就不易发生触头事故。

图 1.8　汽车的接近角

(三)通过角

通过角是汽车满载、静止时,通过障碍物的能力。一般常用的指标是纵向通过角,是指在汽车空载、静止时,在汽车侧视图上分别通过前后车轮外缘作切线交于车体下部较低部位所形成的最小锐角。它表示汽车能无碰撞地通过小丘、拱桥等障碍物的轮廓尺寸。纵向通过角越大,汽车的通过性越好。除了纵向通过角,还有横向通过半径,其表述原理与纵向通过角相同,如图 1.9 所示。

图 1.9　汽车的通过角

（四）最小离地间隙

最小离地间隙是指满载、静止时，汽车除车轮之外的最低点与支承平面之间的距离。它表示汽车能无碰撞地越过石块、树桩等障碍物的能力，如图 1.10 所示。一般来说，最小离地间隙越大，车辆通过有障碍物或凹凸不平的地面的能力就越强，但重心偏高，降低了稳定性；最小离地间隙越小，车辆通过有障碍物或凹凸不平的地面的能力就越弱，但重心低，可增加稳定性。

图 1.10　汽车的最小离地间隙

三、VIN 码

（一）含义

车辆识别码或车架号码（Vehicle Identification Number，VIN）由一组 17 位代码组成。用一组独一无二的车辆识别码，可识别汽车的生产商、引擎、底盘序号及其他性能等。为避免与数字的 1，0 混淆，英文字母"I""O""Q"均不会被使用，如图 1.11 所示。

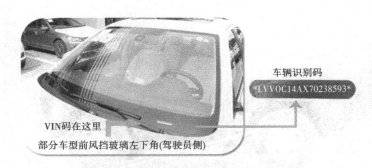

车辆识别码

LVVOC14AX70238593

VIN码在这里
部分车型前风挡玻璃左下角(驾驶员侧)

图 1.11　车辆识别码的位置

（二）解读方法

车辆识别的解读方法如下（见图 1.12）：

1—3 位（WMI）：世界制造厂识别代码，表明车辆是由谁生产的。

4—8 位（VDS）：车辆特征代码，说明汽车种类、车身类型等情况。

9 位（x）：校验位，通过一定的算法防止输入错误。

10 位：年份，即厂家规定的年份，不一定是实际生产的年份，但一般与实际生产的年份之差不超过 1 年。

11 位：装配厂。

12—17 位：出厂顺序号。

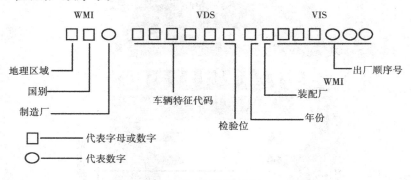

图 1.12　车辆识别码

（三）解读实例

车辆识别码实例如图 1.13 所示。

（四）解读参考

第 1 位是生产国家或地区代码，具体如下：1——美国，J——日本，S——英国，2——加拿大，K——韩国，T——瑞士，3——墨西哥，L——中国，V——法国，R——中国台湾，W——德国，6——澳大利亚，Y——瑞典，9——巴西，Z——意大利。国内常见轿车 WMI 代码参考见表 1.1。第 10 位年份参考见表 1.2。

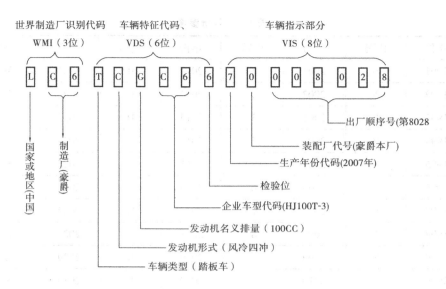

图 1.13　VIN 车辆通用 17 位代码

表 1.1　国内常见轿车 WMI 码参考

序号	汽车厂简称	WMI 码	序号	汽车厂简称	WMI 码
1	一汽轿车	LFP	12	长安福特	LVS
2	一汽天津丰田	LTV	13	长安汽车	LS4
3	一汽大众	LFV	14	华晨宝马	LBV
4	一汽货车	LFW	15	华晨金杯	LSV
5	上海通用	LSG	16	东风雪铁友	LDC
6	上海大众	LSV	17	东风日产	LGB
7	上汽通用五菱	LZW	18	东风起亚	LJD
8	上海华普	LJU	19	中国吉利	L6T
9	奇瑞	LVV	20	比亚迪	LGX
10	北京现代	LBE	21	广汽丰田	LVG
11	海马汽车	LHI	22	广汽本田	LHG

表 1.2　年份参考

年份	代码	年份	代码	年份	代码	年份	代码
1991	M	2001	1	2011	B	2021	M
1992	N	2002	2	2012	C	2022	N
1993	P	2003	3	2013	D	2023	P
1994	R	2004	4	2014	E	2024	R
1995	S	2005	5	2015	F	2025	S
1996	T	2006	6	2016	G	2026	T
1997	V	2007	7	2017	H	2027	V
1998	W	2008	8	2018	J	2028	W
1999	X	2009	9	2019	K	2029	X
2000	Y	2010	A	2020	L	2030	Y

【任务测试】

1. 测量某一辆车的尺寸参数。

2. 测量某一辆车的通过参数。

3. 识读某一辆车的 VIN 码。

任务二　识别车辆类型

【任务描述】

汽车一般是指本身具有动力装置,有 4 个或 4 个以上车轮,可单独行驶并完成运载任务的无轨道、无驾线车辆。从 2005 年开始,我国采用了与国际接轨的分类标准,将汽车分为乘用车和商用车两大类。

【任务目标】

①识别不同类型的车辆。

②识别不同类型车辆的用途。

【任务内容】

我国的汽车主要分为乘用车和商用车两大类,又细分为轿车、客车、载货汽车、越野汽车、专用汽车、牵引汽车、半挂车及自卸汽车等,如图1.14所示。

轿车　　　　　　　　客车　　　　　　　　半挂车

越野汽车　　　　专用汽车　　　　载货汽车　　　　牵引车

图1.14　汽车的种类

一、乘用车

乘用车是在其设计和技术特性上主要用于载运乘客及其随身行李或临时物品的汽车。其座位数包括驾驶员座位在内最多不超过9个。它也可以牵引一辆挂车。乘用车细分为基本型乘用车(轿车)、多功能车(MPV)、运动型多用途车(SUV)、专用型乘用车及交叉型乘用车。

(一)轿车

轿车(Saloon Car)是指用于载送人员及其随身物品,且座位布置在两轴之间的汽车。其座位数包括驾驶者在内最多不超过9个。轿车除乘客厢外,外观上可见明显长度的车头与车尾,因此,可从外形上清晰分辨出引擎室、人员乘坐室和行李舱(某些地区对这种外形的分类称为三厢)。轿车还特指区别于货车、皮卡车、SUV、大巴、中巴的小型汽车,俗称为小轿车,如图1.15所示。

图1.15　轿车

1.按照国家标准分类

①微型轿车:排量为1 L以下。

②普通级轿车:排量为1.0～1.6 L。

③中级轿车:排量为1.6～2.5 L。

④中高级轿车:排量为2.5～4.0 L。

⑤高级轿车:排量为4 L以上。

2．按照车厢分类

①单厢车。

②两厢车。

③三厢车。

3．按照车门分类

①两门车(也称三门车)。

②四门车(也称五门车)。

4．按照车顶分类

①硬顶敞篷车。

②软顶敞篷车。

③半开篷车。

（二）多功能车（MPV）

多功能汽车是从旅行轿车演变而来的。它集旅行车宽大乘员空间、轿车的舒适性和厢式货车的功能于一体,一般为两厢式结构,可坐 7～8 人。

从严格意义上说,MPV 是主要针对家庭用户的车型,那些从商用厢型车改制成的、针对团体顾客的乘用车还不能算是真正的 MPV。MPV 的空间要比同排量的轿车大些,也存在尺寸规格之分,但不像轿车那么细,如图 1.16 所示。

图 1.16　多功能汽车

（三）运动型多用途车（SUV）

运动型多用途车是指运动型实用汽车。它不同于可在崎岖地面使用的越野车(Off-Road Vehicle,ORV)。SUV 全称是 Sport Utility Vehicle 或 Suburban Utility Vehicle,即城郊实用汽车,是一种拥有旅行车般的空间机能,配以货、卡车的越野能力的车型,如图 1.17 所示。

二、商用车

商用车(Commercial Vehicle)是在设计和技术特征上用于运送人员和货物的汽车。商用车包含了所有的载货汽车和 9 座以上的客车。它分为客车、载货汽车、专用汽车、牵引汽车及自卸汽车 5 类。

（一）客车

客车是指乘坐 9 人以上(包括驾驶员座位在内),一般具有方形车厢,用于载运乘客及

图 1.17　越野车(SUV)

其随身行李的商用车。这类车型主要用于公共交通和团体运输使用,如图 1.18 所示。

图 1.18　客车

按照车辆长度分类如下:

①微型客车:长度 3.5 m 以下。

②轻型客车:长度 3.5 ~ 7 m。

③中型客车:长度 7 ~ 10 m。

④大型客车:长度 10 ~ 12 m。

⑤特大型客车:包括铰接式客车(车辆长度大于 12 m)和双层客车(长度 10 ~ 12 m)两种。例如,上海客车厂生产的 SK6141A3 铰接客车和南京金陵双层客车厂生产的 JL6121S 双层客车,如图 1.19、图 1.20 所示。

图 1.19　铰链客车

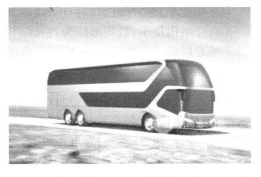

图 1.20　双层客车

（二）载货汽车

载货汽车称为货车或卡车，是指主要用于运送货物的汽车。有时，也指可牵引其他车辆的汽车，属于商用车辆类别。一般货车按质量，可分为重型和轻型两种。绝大部分货车都以柴油引擎作为动力来源，但有部分轻型货车使用汽油、石油气或天然气，如图1.21所示。

图1.21 载货汽车

根据《机动车结构术语》货车归类为汽车，并且分为以下8类：

①普通货车：载货部位的结构为拦板的载货汽车，不包括具有自动倾卸装置的载货汽车。

②厢式货车：载货部位的结构为封闭厢体且与驾驶室各自独立的载货汽车。

③封闭货车：载货部位的结构为封闭厢体且与驾驶室联成一体，车身结构为一厢式载货汽车。

④罐式货车：载货部位的结构为封闭罐体的载货汽车。

⑤平板货车：载货部位的地板为平板结构且无拦板的载货汽车。

⑥集装箱车：载货部位为框架结构且无地板，专门运输集装箱的载货汽车。

⑦自卸货车：载货部位具有自动倾卸装置的载货汽车。

⑧特殊结构货车：载货部位为特殊结构，专门运输特定物品的载货汽车。例如，运输小轿车的双层结构载货汽车，运输活禽畜的多层结构载货汽车。

（三）专用汽车

专用汽车（Special Purpose Motor Vehicle）又称特种车，是为了承担专门的运输（货物或人员）或作业任务，装有专用设备或经过特殊改装，从事专门运输或专门作业的具备专用功能的车辆。随着经济的发展，专用汽车的品种和数量日益增多。经常使用的专用汽车有500余种。在工业发达国家，专用汽车的品种可达千种以上。专用汽车可分为一般专用汽车和工矿生产用汽车两大类，如图1.22所示。

（a）校车

（b）多功能抑尘车

（c）洒水车

（d）矿山作业车

图 1.22　专用汽车

专用汽车的分类如下：

①箱式汽车。

②罐式汽车。

③起重举升车。

④仓栅式车。

⑤特种结构车。

⑥专用自卸车。

（四）牵引汽车

牵引汽车是指车头和车厢之间用工具牵引的货车或半挂车。该车车头可脱离原来的车厢而牵引其他的车厢，而车厢也可脱离原车头被其他的车头所牵引。前面有驱动能力的车头称为牵引车，后面没有牵引驱动能力的车称为挂车，挂车是被牵引车拖着走的，如图 1.23 所示。

牵引车和挂车的连接方式有以下两种：

①半挂车：挂车的前面一半搭在牵引车后段上面的牵引鞍座上，牵引车后面的桥承受挂车的一部分质量，这就是半挂。

②全挂车：挂车的前端连在牵引车的后端，牵引车只提供向前的拉力，拖着挂车走，但不承受挂车向下的质量，这就是全挂，如图 1.24 所示。

图 1.23　牵引汽车

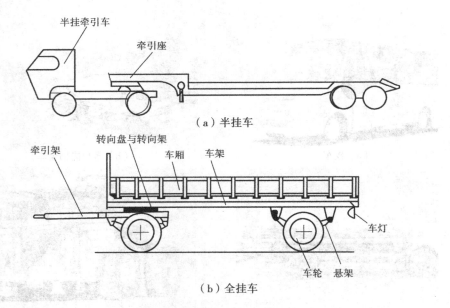

（a）半挂车

（b）全挂车

图 1.24 半挂车与全挂车的区别

（五）自卸汽车

自卸汽车是指利用本车发动机动力驱动液压举升机构，将其车厢倾斜一定角度卸货，并依靠车厢自重使其复位的专用汽车，如图 1.25 所示。

图 1.25 自卸汽车

普通自卸汽车按装载质量分类如下：

①轻型自卸汽车：小于 3.5 t。

②中型自卸汽车：3.5~8 t。

③重型自卸车：大于 8 t。

【任务测试】

写出如图 1.26 所示汽车的名称。

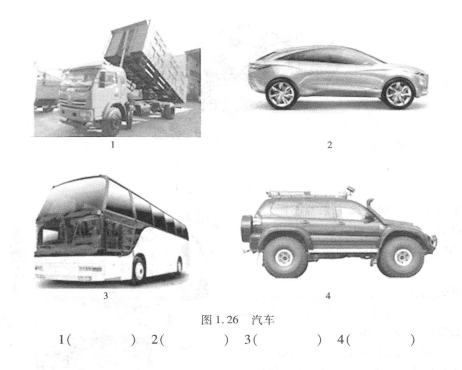

图 1.26 汽车

1( ) 2( ) 3( ) 4( )

任务三 识别车辆的总体构造及布置形式

【任务描述】

汽车的总体构造大致相同,但其各部件结构及布置形式是多种多样且存在差异。

【任务目标】

①识别汽车的总体构造。
②识别汽车的布置形式。

【任务内容】

一、汽车的总体构造

汽车一般由发动机、底盘、车身及附件及电气设备 4 个基本部分组成,如图 1.27 所示。

(一)发动机

汽车发动机是为汽车提供动力的装置,是汽车的心脏,决定着汽车的动力性、经济性、

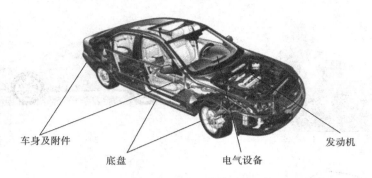

车身及附件　　底盘　　电气设备　　发动机

图 1.27　汽车的总体构造

稳定性及环保性。根据动力来源不同,汽车
发动机可分为柴油发动机、汽油发动机、电动
汽车电动机及混合动力发动机等,如图 1.28
所示。

　　常见的汽油机和柴油机都属于往复活塞
式内燃机,是将燃料的化学能转化为活塞运
动的机械能并对外输出动力。汽油机转速
高,质量小,噪声小,起动容易,制造成本低;
柴油机压缩比大,热效率高,经济性能和排放
性能都比汽油机好。

(二)底盘

　　汽车底盘由传动系、行驶系、转向系及制
动系 4 个部分组成。底盘的功用是支承、安

图 1.28　汽车发动机

装汽车发动机及其各部件、总成,构成汽车的整体造型,并接受发动机的动力,使汽车运
动,保证正常行驶,如图 1.29 所示。

图 1.29　汽车底盘

（三）电气设备

电气设备主要由蓄电池、交流发电机及调节器、起动机、汽车照明、信号系统及报警装置、汽车声像系统、汽车电动辅助装置及汽车电气设备线路等组成,如图1.30所示。

图1.30　汽车电气设备

（四）车身及附件

车身是指车辆用来载人装货的部分,也指车辆整体。附件是指安装于车身本体,提供辅助功能装置的总和,大致包括照明装置、喇叭、风窗玻璃、风窗刮水器、除霜装置及空气调节装置等设备,如图1.31所示。

图1.31　汽车车身透视图

二、汽车的布置形式

汽车的布置形式是指发动机、驱动桥和车身(或驾驶室)的相互关系和布置特点。汽车的使用性能除取决于整车和各总成的有关参数以外,其布置形式对使用性能也有很大影响。不同的使用要求,其总体结构和布置形式也有差异。

（一）FF方式

发动机前置前轮驱动(Front Engine Front Drive,FF)是绝大多数乘用车上较常见的布置形式,如图1.32所示。

图 1.32　发动机前置前轮驱动（FF）

1. 优点

①省略了传动轴装置,减轻了车重,结构较紧凑。

②有效地利用了发动机舱的空间,驾驶室内空间更为宽敞,有利于降低地板高度,提高乘坐舒适性。

③发动机靠近驱动轮,动力传递效率高,燃油经济性好。

④发动机等总成前置,增加了前轴的负荷,提高了轿车高速行驶时的操纵稳定性和制动时的方向稳定性。

⑤简化了后悬架系统。

⑥在积雪或易滑路面上行驶时,靠前轮牵拉车身,有利于保证方向稳定性。

⑦汽车散热器布置在汽车前部,散热条件好,发动机可得到足够的冷却。

⑧行李箱布置在汽车后部,有足够大的行李箱空间。

2. 缺点

①起动、加速或爬坡时,前轮负荷减少,导致牵引力下降。

②前桥既是转向桥,又是驱动桥,其结构及工艺复杂,制造成本高,维修保养困难。

③前桥负荷较后轴重,并且前轮又是转向轮,故前轮工作条件恶劣,轮胎寿命短。

④前轮驱动并转向需要等速万向节,其机构和制造工艺较为复杂。

⑤一旦发生正面碰撞事故,其发动机及其附件损失较大,维修费用高。

（二）FR 方式

发动机前置后轮驱动（Front Engine Rear Drive,FR）是一种最传统的汽车布置形式,在国内外大多数货车、部分乘用车（尤其是高级乘用车轿车）和部分客车中得到广泛应用,如图 1.33 所示。

1. 优点

①在良好的路面上起动、加速或爬坡时,驱动轮的负荷增大（即驱动轮的附着压力增大）,其牵引性能比前置前驱形式优越。

②轴荷分配较均匀,因而具有良好的操纵稳定性和行驶平顺性,有利于延长轮胎的使用寿命。

③发动机、离合器和变速器等总成临近驾驶室,简化了操纵机构的布置。

④转向轮是从动轮,转向机构结构简单,便于维修。

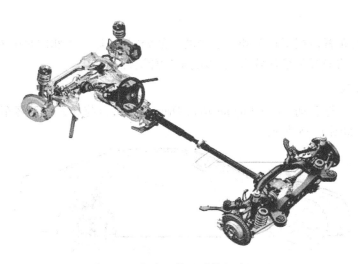

图1.33 发动机前置后轮驱动(FR)

2.缺点

①由于采用传动轴装置,不仅增加了车重,而且降低了动力传动系统的传动效率,因此影响了燃油经济性。

②纵置发动机、变速箱和传动轴等总成的布置,使驾驶室空间减小,影响乘坐舒适性;同时,后排地板中央有突起。

③在雪地或易滑路面上起动加速时,后轮推动车身,易发生甩尾现象。

(三)MR方式

发动机中置后轮驱动(Middle Engine Rear Drive,MR),发动机置于座椅之后、后轴之前,大多数高性能跑车和超级跑车都采用这种形式,如图1.34所示。

图1.34 发动机中置后轮驱动(MR)

1.优点

①可获得最佳的轴荷分配,操纵稳定性和行驶平顺性较好。

②发动机临近驱动桥,无须传动轴,从而减轻了车重,具有较高的传动效率。

③质量集中,车身平摆方向的惯性力矩小。转弯时,转向盘操作灵敏,运动性好。

2.缺点

①发动机的布置占据了车厢和行李箱的一部分空间,通常车厢内只能安放两个座椅。

②对发动机的隔音和绝热效果差,影响乘坐舒适性。

(四)RR 方式

发动机后置后轮驱动(Rear Engine Rear Drive,RR),目前在大中型客车和部分超级跑车中得到应用,如图 1.35 所示。

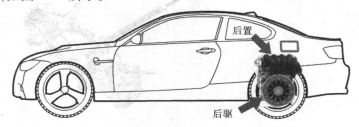

图 1.35　发动机后置后轮驱动(RR)

由于后置后驱车的质量大多集中于后方,又是后轮驱动,故起步、加速性能在所有驱动形式中是最好的,因此,超级跑车一般都采用后置后驱的方式。后置后驱的转弯性能比前置后驱和前置前驱更敏锐,由于后轴承受较大负荷,因此后轮的抓地力达到极限时,会有打滑、甩尾现象,且不容易控制。后置后驱的另一特点是车头较轻,故开始转弯时容易造成转向过度现象。

(五)F-AWD 方式

发动机前置四轮驱动(Front Engine All-Wheel-Drive,F-AWD)多用于高性能轿车或SUV,如图 1.36 所示。布局在乘用车中,则操控性高;布局在越野车中,则通过性强。

图 1.36　发动机前置四轮驱动(F-AWD)

(六)M-AWD 方式

发动机中置四轮驱动(Middle Engine All-Wheel-Drive,M-AWD),高性能跑车和超级跑车多采用这种形式。相比发动机中置后轮驱动,发动机中置四轮驱动的操控性和过弯极限更强,如图 1.37 所示。

(七)R-AWD 方式

发动机后置四轮驱动(Rear Engine All-Wheel-Drive,R-AWD),采用车型较少,如图 1.38所示。

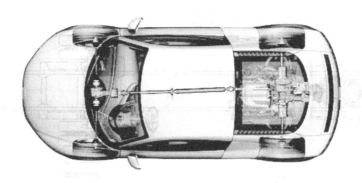

图 1.37 发动机中置四轮驱动(M-AWD)

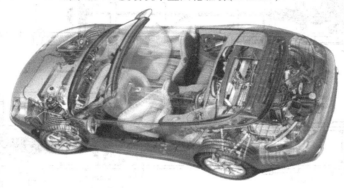

图 1.38 发动机后置四轮驱动(R-AWD)

【任务测试】

1.写出如图 1.39 所示汽车各部分的名称。

图 1.39 汽车各组成部分

1(   ) 2(   ) 3(   ) 4(   )

2. 识别如图 1.40 所示汽车的布置形式。

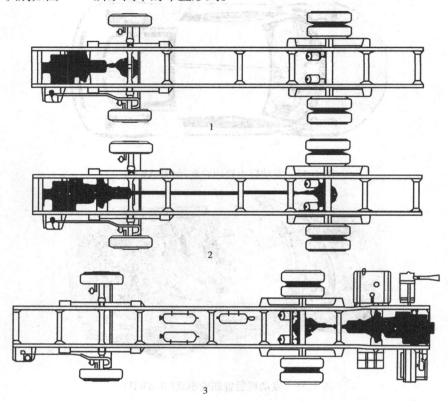

图 1.40　汽车的布置形式

1(　　　　)　2(　　　　)　3(　　　　)

【项目学习鉴定】

通过本项目的学习,应能通过学习鉴定,具备所要求的能力。

项目学习鉴定表

序号	鉴定内容	鉴定结果	
		合格	不合格
1	结合项目,完成相关学习内容		
2	学习汽车的主要参数		
3	掌握 VIN 码的识读		
4	能对汽车进行正确的分类		
5	能识别汽车的布置形式		
6	能合作学习,有效收集学习信息		

上述所有表格内容必须合格。如果不合格,应咨询教师是否需要增加学习活动,以达到学习要求。

教师签字_____

学生签字_____

完成日期_____

项目二　识别发动机零部件总成

【项目描述】

发动机是一种能把其他形式的能转化为机械能的机器。它包括内燃机(往复活塞式发动机)和外燃机(斯特林发动机、蒸汽机等)等。通常内燃机是把化学能转化为机械能。发动机既指动力发生装置,也指包括动力装置的整个机器(如汽油发动机、航空发动机)。发动机最早诞生在英国,因此,发动机的概念也源于英语,它的本义是指那种"产生动力的机械装置"。

【项目目标】

①能识别发动机的类型、特点及总体构造。
②能识别曲柄连杆机构和配气机构的结构特点。
③能识别发动机燃料供给系统的结构特点。
④能识别发动机冷却系统的结构特点。
⑤能识别发动机润滑系统的结构特点。
⑥能识别发动机点火系统的结构特点。
⑦能识别发动机起动系统的结构特点。

任务一　识别发动机的分类及总体构造

【任务描述】

汽车发动机结构复杂,不同类型或同类型的发动机在结构上都会存在差别,但是不管何种类型的汽油机和柴油机,其总体结构都是相似的。由于燃料点火方式存在差异,因此,一般汽油机包括两大机构和五大系统,即曲轴连杆机构、配气机构、燃料供给系统、润滑系统、冷却系统、点火系统及起动系统;柴油机包括两大机构和四大系统,即曲柄连杆机构、配气机构、燃料供给系统、润滑系统、冷却系统及起动系统。

【任务目标】

①识别汽车发动机的分类。
②识别汽车发动机的总体构造。

【任务内容】

一、汽车发动机的分类

（一）按燃料分类

1.汽油发动机

汽油发动机是以汽油作为燃料的发动机,如图 2.1 所示。汽油黏性小,蒸发快,可用汽油喷射系统将汽油喷入气缸,经过压缩达到一定的温度和压力后,用火花塞点燃,使气体膨胀做功。汽油机的特点是转速高,结构简单,质量小,造价低廉,运转平稳,使用维修方便。从 1886 年第一辆汽车开始,汽油机在汽车上,特别是小型汽车上大量使用,至今不衰。

汽油机的缺点是热效率低于柴油机,油耗较高,点火系统比柴油机复杂,可靠性和维修的方便性也不如柴油机。

汽油发动机的工作原理是:发动机的一个工作循环包括进气行程、压缩行程、做功行程及排气行程,这期间活塞在上下止点间往复移动了 4 个行程,相应地曲轴旋转了两周。

图 2.1　汽油发动机

2.柴油发动机

柴油发动机是燃烧柴油来获取能量释放的发动机。它是由德国发明家鲁道夫·狄塞尔于 1892 年发明的,为了纪念这位发明家,柴油就是用他的姓 Diesel 来表示,而柴油发动机也称狄塞尔发动机,如图 2.2 所示。

柴油发动机的优点是功率大,经济性能好。柴油发动机的工作过程与汽油发动机有许多相同的地方,每个工作循环也经历进气、压缩、做功及排气 4 个行程。但由于柴油机用的燃料是柴油,其黏度比汽油大,不易蒸发,而其自燃温度却较汽油低,因此,可燃混合气的形成及点火方式都与汽油机不同。

3.混合动力发动机

混合动力发动机汽车的燃油经济性能高,而且行驶性能优越。混合动力发动机要使用燃油,但是在起步、加速时,有电动马达的辅助,可降低油耗。简单来说,就是同样大小的汽车采用混合动力发动机,燃油费用更低,如图2.3所示。

图2.2 柴油发动机　　　　　　　　图2.3 混合动力发动机

（二）按照其他方式分类

汽车发动机按完成一个工作循环所需要的活塞行程数,可分为四冲程发动机和二冲程发动机;按冷却方式,可分为水冷式发动机和风冷式发动机,如图2.4所示;按气缸数目,可分为单缸发动机和多缸发动机,如图2.5所示。

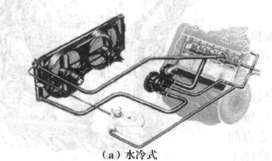

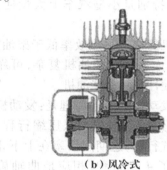

（a）水冷式　　　　　　　　　　（b）风冷式

图2.4 发动机（1）

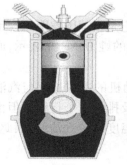

（a）单缸　　　　　　　　　　（b）多缸

图2.5 发动机（2）

汽车发动机根据各缸的排列方式,可分为直列式发动机和V形发动机等。汽车发动机大多采用水冷式多缸发动机。

二、汽车发动机的总体构造

汽油发动机都由曲柄连杆机构、配气机构、燃油供给系统、点火系统、冷却系统、润滑系统及起动系统组成。柴油发动机则无点火系统。

【任务测试】

1. 填空题：

（1）汽车发动机按燃料不同，可分为＿＿＿＿＿＿＿＿＿＿＿＿、＿＿＿＿＿＿＿＿＿＿＿＿和＿＿＿＿＿＿＿＿＿＿＿＿。

（2）汽车发动机按活塞行程数，可分为＿＿＿＿＿＿＿＿＿＿＿和＿＿＿＿＿＿＿＿＿＿＿。

（3）汽车发动机按气缸数目，可分为＿＿＿＿＿＿＿＿＿＿＿和＿＿＿＿＿＿＿＿＿＿＿。

（4）汽车发动机根据各缸的排列方式，可分为＿＿＿＿＿＿＿＿＿＿＿和＿＿＿＿＿＿＿＿＿＿＿等。

（5）汽油发动机都由＿＿＿＿＿＿＿＿＿、＿＿＿＿＿＿＿＿＿、＿＿＿＿＿＿＿＿＿、＿＿＿＿＿＿＿＿＿、＿＿＿＿＿＿＿＿＿及＿＿＿＿＿＿＿＿＿组成。柴油发动机则无＿＿＿＿＿＿＿＿＿。

2. 简答题：

（1）简述汽油发动机的优点。

（2）简述柴油发动机的优点。

任务二　识别发动机的曲柄连杆机构

【任务描述】

曲柄连杆机构是往复式内燃机中的动力传递系统。曲柄连杆机构是发动机实现工作循环、完成能量转换的主要运动部分。在做功冲程中，它将燃料燃烧产生的热能通过活塞往复运动、曲轴旋转运动转变为机械能，对外输出动力；在其他冲程中，则依靠曲柄和飞轮的转动惯性，通过连杆带动活塞上下运动，为下一次做功创造条件。

曲柄连杆机构由机体组、活塞连杆组和曲轴飞轮组3个部分组成。

【任务目标】

①识别机体组的结构特点。

②识别活塞连杆组的结构特点。

③识别曲轴飞轮组的结构特点。

【任务内容】

一、机体组

机体组主要由气缸盖、气缸盖罩、气缸垫、气缸体、主轴承盖及油底壳等组成。镶汽缸套的发动机，机体组还分为干式气缸套和湿式气缸套。机体组是发动机的支架，是曲柄连杆机构、配气机构和发动机各系统主要零部件的装配机体，如图2.6所示。

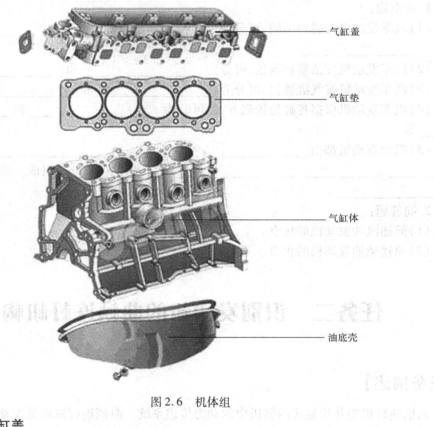

图2.6 机体组

（一）气缸盖

气缸盖主要是密封气缸，与活塞共同形成燃烧空间，并承受高温高压燃气的作用，如图2.7所示。

（二）气缸垫

气缸垫又称气缸衬垫，位于气缸盖与气缸体之间，其功用是填补气缸体和气缸盖之间的微观孔隙，保证结合面处有良好的密封性，进而保证燃烧室的密封，防止气缸漏气和水套漏水。根据材料的不同，气缸垫可分为金属-石棉衬垫、金属-复合材料衬垫和全金属衬垫等，如图2.8所示。

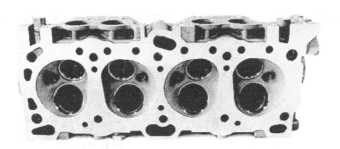

图 2.7　气缸盖

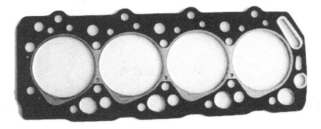

图 2.8　气缸垫

（三）气缸体

气缸体是发动机的主体。它将各个气缸和曲轴箱连成一体,是安装活塞、曲轴以及其他零件和附件的支承骨架,如图 2.9 所示。

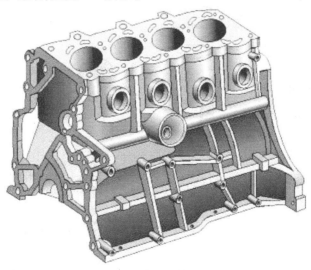

图 2.9　气缸体

（四）油底壳

油底壳多由薄钢板冲压而成,形状较为复杂的一般采用铸铁或铝合金浇铸成型。其内部装有稳油挡板,以避免柴油机颠簸时造成的油面震荡激溅,有利于润滑油杂质的沉淀,侧面装有量油尺,用来检查油量。此外,油底壳底部最低处还装有放油螺塞,如图2.10所示。

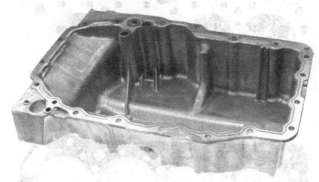

图 2.10 油底壳

二、活塞连杆组

活塞连杆组将活塞的往复运动变为曲轴的旋转运动,同时将作用于活塞上的力转变为曲轴对外输出的转矩,以驱动汽车车轮转动。它是发动机的传动件。它把燃烧气体的压力传给曲轴,使曲轴旋转并输出动力。活塞连杆组主要由活塞、活塞环、活塞销、连杆及连杆轴瓦等组成,如图 2.11 所示。

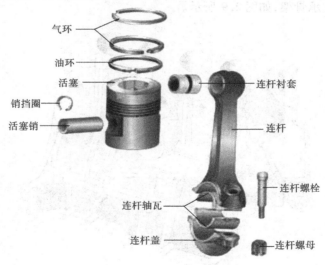

图 2.11 活塞连杆组

(一)活塞

活塞是汽车发动机气缸体中作往复运动的机件。活塞的基本结构可分为顶部、环槽部和裙部,如图 2.12 所示。活塞顶部是组成燃烧室的主要部分,其形状与所选用的燃烧室形式有关。汽油机多采用平顶活塞,其优点是吸热面积小。柴油机活塞顶部常常有各种各样的凹坑,其具体形状、位置和大小都必须与柴油机的混合气形成和燃烧的要求相适应。

(二)活塞环

活塞环是安装在活塞环槽部的金属环。活塞环分为两种:气环和油环。气环可用来密封燃烧室内的可燃混合气体;油环则用来刮除气缸上多余的机油。

活塞环是一种具有较大向外扩张变形的金属弹性环,被装配到剖面与其相应的环形槽内。往复和旋转运动的活塞环依靠气体或液体的压力差,在环外圆面和气缸以及环和环槽的一个侧面之间形成密封,如图2.13所示。

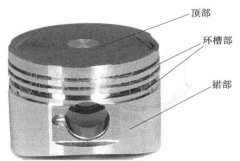

图2.12　活塞

(三)活塞销

活塞销是装在活塞裙部的圆柱形销子。它的中部穿过连杆小头孔,用来连接活塞和连杆。其功用是把活塞承受的气体作用力传给连杆,或使连杆小头带动活塞一起运动。为了减轻质量,活塞销一般用优质合金钢制造,并制作成空心,如图2.14所示。

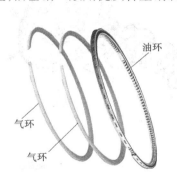

图2.13　活塞环

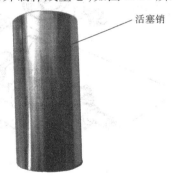

图2.14　活塞销

(四)连杆

连杆连接活塞和曲轴,并将活塞所受的作用力传给曲轴,将活塞的往复运动转变为曲轴的旋转运动。连杆由小头、杆身和大头3个部分组成,如图2.15所示。

(五)连杆轴瓦

连杆轴瓦的主要功用是减小连杆大头与连杆轴颈之间的磨损。连杆轴瓦一般由薄钢背和减磨合金层制成。薄钢背的功用是将减磨合金所产生的热量传给连杆大头;减磨合金层的功用是减小连杆轴颈的磨损,延长轴颈的使用寿命,如图2.16所示。

三、曲轴飞轮组

曲轴飞轮组的功用是把活塞的往复运动转变为曲轴的旋转运动,为汽车的行驶和其他需要动力的机构输出扭矩。同时,储存能量,用以克服非做功行程的阻力,使发动机运转平稳。曲轴飞轮组主要由曲轴、飞轮和扭转减振器等组成,如图 2.17 所示。

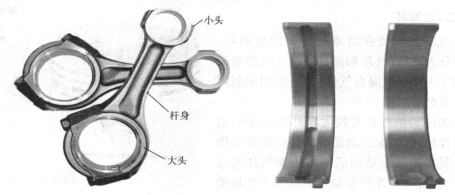

图 2.15　连杆 　　　　　　　　　　　　　　图 2.16　连杆轴瓦

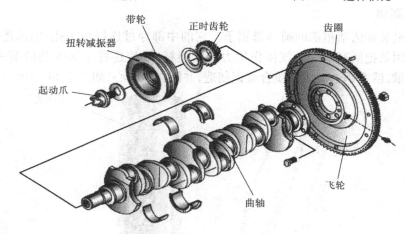

图 2.17　曲轴飞轮组

（一）曲轴

曲轴是发动机中最重要的部件。它承受连杆传来的力,并将其转变为转矩,通过曲轴输出,并驱动发动机上其他附件工作。曲轴受到旋转质量的离心力、周期变化的气体惯性力和往复惯性力的共同作用,使曲轴承受弯曲扭转载荷。因此,要求曲轴有足够的强度和刚度,轴颈表面需耐磨、工作均匀、平衡性好,如图 2.18 所示。

图 2.18　曲轴

（二）飞轮

飞轮具有较大的转动惯量。它装在发动机曲轴后端,具有转动惯性。它的功用是:将发动机能量储存起来,克服其他部件的阻力,使曲轴均匀旋转;通过安装在飞轮上的离合器,把发动机和汽车传动连接起来;与起动机接合,便于发动机起动,如图2.19所示。

图2.19　飞轮

【任务测试】

1.按图作答。识别如图2.20—图2.22所示的零部件,并把名称填在相应的括号中。

（1）机体组部件:

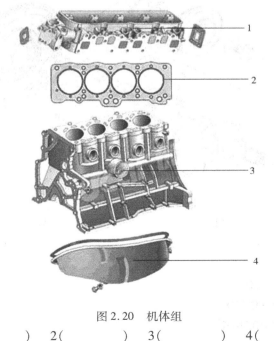

图2.20　机体组

1(　　　)　2(　　　)　3(　　　)　4(　　　)

（2）活塞连杆组部件：

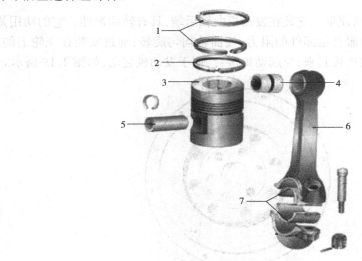

图 2.21 活塞连杆组

1（　　　） 2（　　　） 3（　　　） 4（　　　）

5（　　　） 6（　　　） 7（　　　）

（3）曲轴飞轮组部件：

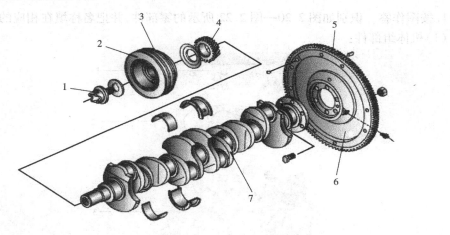

图 2.22 曲轴飞轮组

1（　　　） 2（　　　） 3（　　　）4（　　　）

5（　　　） 6（　　　） 7（　　　）

2.简答题：

（1）简述机体组的功用。

（2）简述活塞连杆组的功用。

（3）简述曲轴飞轮组的功用。

任务三　识别发动机配气机构

【任务描述】

发动机配气机构(内燃机配气机构)是按照发动机每一气缸内所进行的工作循环和点火顺序的要求,定时开启和关闭各气缸的进、排气门,使新鲜的可燃混合气(汽油机)或空气(柴油机)得以及时进入气缸,废气得以及时从气缸排出。

【任务目标】

①了解发动机配气机构的组成和布置形式。
②识别气门组的结构特点。
③识别气门传动组的结构特点。

【任务内容】

一、发动机配气机构的功用

发动机配气机构(见图2.23)的功用是:按照发动机每一气缸内所进行的工作循环和点火顺序的要求,定时开启和关闭各气缸的进、排气门,使新鲜充量得以及时进入气缸,废气得以及时从气缸排出;在压缩与膨胀行程中,保证燃烧室的密封。对于汽油机而言,新鲜充量是汽油和空气的混合气;对于柴油机而言,新鲜充量是纯空气。

二、发动机配气机构的组成

发动机配气机构由气门组和气门传动组两部分组成。气门组包括气门、气门导管、气门座、弹簧座、气门弹簧及锁片等;气门传动组由摇臂、摇臂轴、推杆、挺柱、凸轮轴及正时齿轮组成。

三、发动机配气机构的布置形式

(一)按气门位置分类

按气门位置,可分为顶置式和侧置式两种配气机构。侧置式配气机构因充气效率低已被淘汰。

(二)按凸轮轴位置分类

按凸轮轴位置,可分为凸轮轴下置式、中置式和上置式3种配气机构,如图2.24所示。

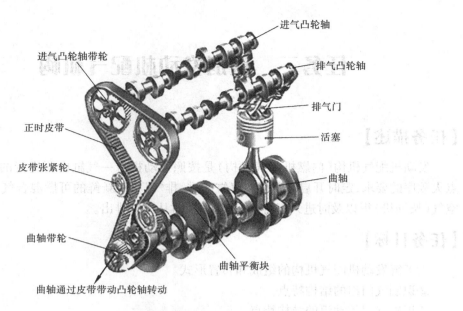

图 2.23　配气机构

（a）凸轮轴下置式　　（b）凸轮轴中置式　　（c）凸轮轴上置式

图 2.24　按凸轮轴位置分类的配气机构

（三）按凸轮轴传动方式及气门数分类

按凸轮轴传动方式及气门数,可分为齿轮传动、齿带传动和链条传动 3 种配气机构,如图 2.25 所示。

四、气门组

气门组的功用是密封进、排气道。气门组如图 2.26 所示。

（一）气门

1.气门的工作条件

气门的工作条件非常恶劣。气门直接与高温燃气接触,受热严重,而散热困难,因此气门温度很高;气门承受气体和气门弹簧力的作用,以及由配气机构运动件的惯性力使气门落座时受到冲击;气门在润滑条件很差的情况下以极高的速度启闭,并在气门导管内作

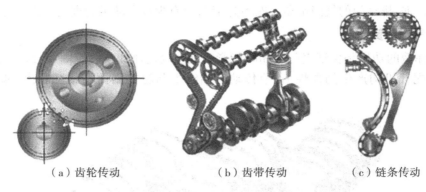

（a）齿轮传动　　　　　（b）齿带传动　　　　　（c）链条传动

图2.25　按凸轮轴传动方式及气门数分类的配气机构

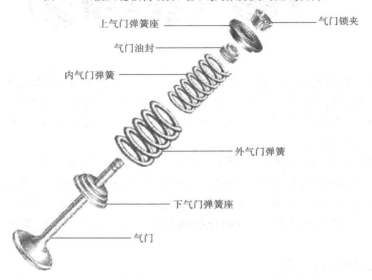

图2.26　气门组

高速往复运动。此外，气门因与高温燃气中有腐蚀性的气体接触而受到腐蚀。

2.气门的材料

进气门一般用中碳合金钢制造，如铬钢、铬钼钢和镍铬钢等。排气门则采用耐热合金钢制造，如硅铬钢、硅铬钼钢和硅铬锰钢等。

3.气门的构造

汽车发动机的进、排气门均为菌形气门。它由气门头部和气门杆身两部分构成。气门顶面有平顶、凹顶和凸顶等形状。目前，应用最多的是平顶气门，其结构简单，制造方便，受热面积小，进、排气门都可采用，如图2.27所示。

气门与气门座或气门座圈之间靠锥面密封。气门锥面与气门顶面之间的夹角，称为

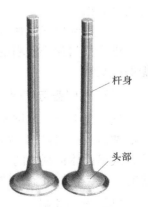

图2.27　气门

气门锥角。进、排气门的气门锥角一般均为45°,只有少数发动机的进气门锥角为30°。

(二)气门弹簧

气门弹簧的功用是保证气门关闭时能紧密地与气门座或气门座圈贴合,并克服在气门开启时配气机构产生的惯性力,使传动件始终受凸轮控制而不相互脱离,如图2.28所示。

图2.28　气门弹簧

气门弹簧一般为等螺距圆柱形螺旋弹簧。当气门弹簧的工作频率与其固有的振动频率相等或为整数倍时,气门弹簧就会发生共振。共振时,将使配气定时遭到破坏,使气门发生反跳和冲击,甚至使弹簧折断。为防止共振的发生,可采取以下结构措施:

1.采用双气门弹簧

在柴油机和高性能汽油机上广泛采用每个气门安装两个直径不同、旋向相反的内外弹簧。因两个弹簧的固有频率不同,故当一个弹簧发生共振时,另一个弹簧能起到阻尼减振作用。采用双气门弹簧可减小气门弹簧的高度,而且当一个弹簧折断时,另一个弹簧仍可维持气门工作。弹簧旋向相反,可防止折断的弹簧圈卡入另一个弹簧圈内使其不能工作或损坏。

2.采用变螺距气门弹簧

某些高性能汽油机采用变螺距单气门弹簧。变螺距弹簧的固有频率不是定值,从而可避开共振。

3.采用锥形气门弹簧

锥形气门弹簧的刚度和固有振动频率沿弹簧轴线方向是变化的,因此,可消除发生共振的可能性。

(三)气门座与座圈

气缸盖上与气门锥面相贴合的部位,称为气门座。气门座的温度很高,又承受频率极高的冲击载荷,容易磨损。因此,铝气缸盖和大多数铸铁气缸盖均镶嵌有合金铸铁或粉末冶金或奥氏体钢制成的气门座圈。在气缸盖上镶嵌气门座圈可延长气缸盖的使用寿命。也有一些铸铁气缸盖不镶气门座圈,直接在气缸盖上加工出气门座。

(四)气门油封

气门油封可防止机油进入进、排气管,避免机油流失,防止汽油与空气的混合气体以及排放的废气泄漏,防止发动机机油进入燃烧室,如图2.29所示。

图 2.29　气门油封

五、气门传动组

气门传动组主要包括凸轮轴、正时齿轮、挺柱、推杆及摇臂机构等。气门传动组的功用是使进、排气门按配气机构规定的时刻开闭,并保证有足够的开度。

(一)凸轮轴

凸轮轴是气门传动组中的主要部件。其功用是控制气门的开闭及其升程的变化规律。下置凸轮轴式发动机还依靠凸轮轴来驱动汽油泵、机油泵和分电器等装置,如图2.30所示。

图 2.30　凸轮轴

凸轮轴主要由凸轮和轴颈两部分组成。

一般单根凸轮轴的进气凸轮和排气凸轮布置在同一根凸轮轴上。

双顶置凸轮轴排气机构的两根凸轮轴:一根是进气凸轮轴,上面布置有各缸的进气凸轮;另一根是排气凸轮轴,上面分布有各缸的排气凸轮。

(二)挺柱

挺柱的功用是将凸轮轴旋转时产生的推动力传给推杆(下、中置凸轮轴)或气门(顶置凸轮轴)。挺柱一般用耐磨性好的合金钢或合金铸铁等材料制造,如图2.31所示。

图 2.31　挺柱

1. 普通挺柱

常见的普通挺柱主要有菌形、筒形和滚轮式3种。

通常把挺柱底部工作面设计为球面,并将凸轮制作成锥形,使两者的接触点偏离挺柱轴线。工作中,当挺柱被凸轮顶起时,接触点间的摩擦力使挺柱绕自身轴线旋转,以实现均匀磨损。菌形挺柱顶部装有气门间隙调节螺钉,可用来调节气门间隙;筒形挺柱质量较小,一般与推杆配合使用;滚轮式挺柱结构较为复杂,但其与凸轮间的摩擦阻力小,适合于中速大功率柴油机。挺柱可直接安装在气缸体一侧的导向孔中,或安装在可拆卸的挺柱架中。

2. 液压挺柱

采用预留气门间隙的方法,可解决气门传动组件受热膨胀可能给气门工作带来的不利影响。但是,气门间隙的存在会使配气机构在工作过程中出现撞击而产生噪声。为了消除这一弊端,不少发动机采用了液压挺柱。例如,一汽大众奥迪100JW型发动机、上海桑塔纳JV发动机均采用液压挺柱。

（三）推杆

下置凸轮轴配气机构中有细而长的推杆。推杆的功用是将挺柱传来的凸轮推动力传递给摇臂机构,如图2.32所示。

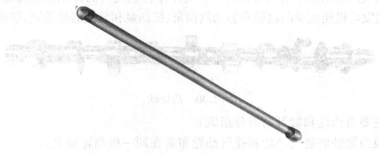

图2.32 推杆

（四）摇臂

摇臂的功用是将推杆或凸轮传来的力改变方向后传给气门,使其开启。

摇臂组件主要由摇臂、摇臂轴、支承座及气门间隙调整螺钉等组成,如图2.33所示。

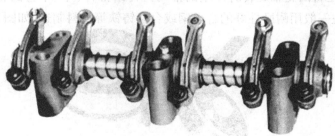

图2.33 摇臂

【任务测试】

1. 识别如图 2.34 所示的零部件,并把名称填在相应的括号中。

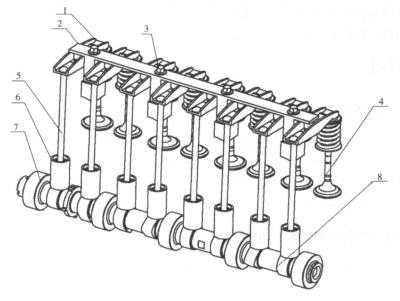

图 2.34 零部件

1( ) 2( ) 3( ) 4( )
5( ) 6( ) 7( ) 8( )

2. 简答题:
(1)简述配气机构的功用及组成部分。
(2)配气机构按凸轮轴位置分类,有哪几种布置形式?
(3)气门组的功用及主要组成部分有哪些?
(4)简述气门传动组的功用及主要组成部分。

任务四 识别电子控制燃油喷射系统

【任务描述】

电子控制燃油喷射系统(Electronic Fuel Injection,EFI)简称汽油喷射,是汽车汽油发动机取消化油器后采用的一种先进的喷油装置。使用 EFI,汽车发动机燃烧将更充分,从而提高功率,降低油耗,实现低排放的目的。当 EFI 功能与发动机其他功能结为一体时,称为发动机管理系统(EMS),它可达到更高的环保目标。

【任务目标】

①识别空气供给系统的组成及特点。
②识别燃料供给系统的组成及特点。
③识别电子控制系统的组成及特点。

【任务内容】

一、电子控制燃油喷射系统的功用

电子控制燃油喷射系统是汽油发动机取消化油器后采用的一种先进的喷油装置。在汽油机上普及电控汽油喷射技术,可在混合气形成过程中使液体燃料的雾化得到改善,更重要的是可根据工况的变化精确地控制燃油喷射量,使燃烧更充分,从而提高功率,降低油耗,满足排放法规的要求。

二、电子控制燃油喷射系统的组成

电子控制燃油喷射系统主要由空气供给系统、燃料供给系统和电子控制系统组成,如图2.35所示。

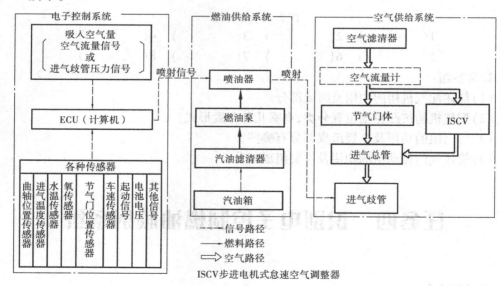

图2.35　电子控制燃油喷射系统

三、空气供给系统

电子控制燃油喷射系统的空气供给系统由空气滤清器、空气流量计、节气门体、空气阀及稳压箱等构成,如图2.36所示。

功用:为发动机提供清洁的空气,并控制发动机正常工作时的供气量。

原理:空气经空气滤清器过滤后,通过空气流量计、节气门体进入进气总管,再通过进气歧管分配给各缸。

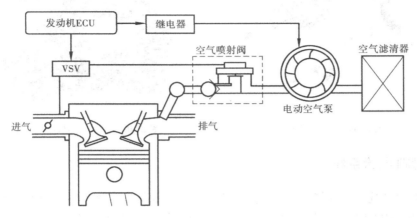

图2.36 空气供给系统

(一)空气流量计

空气流量传感器也称空气流量计,是电喷发动机的重要传感器之一。它将吸入的空气流量转换成电信号送至电控单元(ECU),作为决定喷油的基本信号之一,是测定吸入发动机的空气流量的传感器,如图2.37所示。

(二)空气滤清器

空气滤清器的主要功用是为发动机提供清洁的空气,以防发动机在工作中吸入带有杂质的颗粒造成发动机磨损。空气滤清器的主要组成部分是滤芯和机壳,如图2-38所示。

图2.37 空气流量计

图2.38 空气滤清器

(三)节气门体

节气门体的功用是控制发动机进气量。节气门体包括节气门、节气门位置传感器和怠速空气调整器等,如图2.39所示。

(四)节气门位置传感器

节气门位置传感器又称节气门开度传感器,主要功用是检测出发动机是处于怠速工况还是负荷工况,是加速工况还是减速工况,如图2.40所示。

图2.39 节气门体　　　　　　图2.40 节气门位置传感器

四、燃料供给系统

燃料供给系统主要由燃油箱、燃油泵、喷油器、油压调节器及燃油滤清器构成。

功用:供给喷油器一定压力的燃油,喷油器则根据计算机指令喷油。

原理:电动燃油泵将汽油自油箱内吸出,经燃油滤清器过滤后,由油压调节器调压,通过油管输送给喷油器,喷油器根据计算机向进气管喷油。燃油泵供给的多余汽油经回油管流回油箱,如图2.41所示。

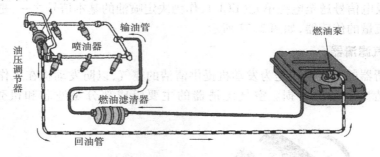

图2.41 燃油供给系统

(一)燃油箱

燃油箱在液压系统中除了储油外,还起着散热以及分离油液中的气泡、沉淀杂质等作用,如图2.42所示。燃油箱有开式油箱和闭式油箱两种。开式油箱结构简单,安装维护方便,液压系统普遍采用这种形式;闭式油箱一般用于压力油箱。

图2.42 燃油箱

（二）燃油泵

燃油泵的功用是将汽油从燃油箱中吸出，并经管路和燃油滤清器压送到化油器的浮子室内。正是由于有了燃油泵，燃油箱才能安放到远离发动机的汽车尾部，并低于发动机。

燃油泵按驱动方式的不同，可分为机械驱动膜片式和电驱动式两种，如图2.43所示。

（三）喷油器

现在汽车用的喷油器，其实就是一个简单的电磁阀。当电磁线圈通电时，产生吸力，针阀被吸起，打开喷孔，燃油经针阀头部的轴针与喷孔之间的环形间隙高速喷出，形成雾状，利于充分燃烧，如图2.44所示。

图2.43　燃油泵　　　　　　　　　　图2.44　喷油器

（四）油压调节器

油压调节器是指根据进气歧管真空度的变化来调节进入喷油器的燃油压力，使燃油压力与进气歧管压力之差保持不变，让喷油压力在不同的节气门开度下保持定值的装置，如图2.45所示。

（五）燃油滤清器

燃油滤清器的功用是过滤燃油中的杂质，保证燃油系统精密部件免受磨损及其他损害，如图2.46所示。

图2.45　油压调节器　　　　　　　　图2.46　燃油滤清器

五、电子控制系统

电子控制系统主要由传感器、执行器和 ECU 等组成,如图 2.47 所示。其中,ECU 是控制系统的核心。

ECU 根据空气流量计信号和发动机转速信号确定基本喷油时间,再根据其他传感器对喷油时间进行修正,并按最后确定的总喷油时间向喷油器发出指令,使喷油器喷油或断油。

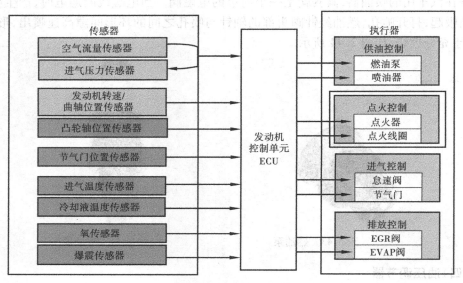

图 2.47　电子控制系统

（一）传感器

1. 温度传感器

温度传感器分为进气温度传感器和水温传感器。进气温度传感器将进气温度转变为电压信号输入给 ECU 作为喷油修正的信号;水温传感器安装在发动机缸体水套或冷却液管路中,与冷却液接触,用来检测发动机的冷却液温度。ECU 收到该温度信号后,修正喷油时间和点火时间,如图 2.48 所示。

（a）进气温度传感器　　　　　（b）水温传感器

图 2.48　温度传感器

2. 氧传感器

氧传感器的功用是测定发动机燃烧后的排气中氧是否过剩,即氧气含量,并把氧气含量转换成电压信号传递到发动机计算机,使发动机能实现以过量空气因数为目标的闭环控制;确保三元催化转化器对排气中的碳氢化合物(HC)、一氧化碳(CO)和氮氧化合物(NO_x)3种污染物都有最大的转化效率,最大限度地进行排放污染物的转化和净化,如图2.49所示。

3. 曲轴位置传感器

曲轴位置传感器的功用是确定曲轴的位置,即曲轴的转角。它通常要配合凸轮轴位置传感器一起来工作,从而确定基本点火时刻,如图2.50所示。

图 2.49　氧传感器　　　　　　　　图 2.50　曲轴位置传感器

(二)ECU

ECU的电压工作范围一般为6.5～16 V(内部关键处有稳压装置),工作电流为0.015~0.1 A,工作温度在−40~80 ℃。它能承受1 000 Hz以下的振动,因此,ECU损坏的概率非常小。在ECU中,CPU是核心部分,它具有运算与控制的功能。发动机在运行时,它采集各传感器的信号进行运算,并将运算的结果转变为控制信号,控制被控对象的工作。它还实行对存储器(ROM/FLASH/EEPROM,RAM)、输入/输出接口(I/O)和其他外部电路的控制;存储器ROM中存放的程序是经过精确计算和大量实验取得的数据为基础编写的,这个固有程序在发动机工作时,不断地与采集的各传感器的信号进行比较和计算。把比较和计算的结果用于对发动机的点火、空燃比、怠速、废气再循环等多项参数进行控制,如图2.51所示。

图 2.51　ECU

【任务测试】

1. 按图作答。

（1）根据图 2.52 写出零部件的名称及功用。

图 2.52　零部件

名称：_____

功用：_____

（2）根据图 2.53 写出零部件的名称及功用。

图 2.53　零部件

名称：_____

功用：_____

（3）根据图 2.54 写出零部件的名称及功用。

图 2.54　零部件

名称：_____

功用：_____

（4）根据图 2.55 写出零部件的名称及功用。

图 2.55　零部件

名称：_____

功用：_____

2. 简答题：

（1）简述空气供给系统的功用及主要零部件。

（2）简述燃油供给系统的功用及主要零部件。

（3）简述电子控制系统的功用及主要零部件。

任务五　识别发动机冷却系统

【任务描述】

汽车冷却系统的功用是将受热零件吸收的部分热量及时散发出去，保证发动机在最适宜的温度状态下工作。发动机的冷却系统可分为风冷和水冷。

【任务目标】

①识别发动机冷却系统的类型及特点。

②识别发动机冷却系统的结构及特点。

【任务内容】

一、发动机冷却系统的分类

发动机冷却系统有风冷和水冷之分。以空气为冷却介质的冷却系统，称为风冷系统；以冷却液为冷却介质的冷却系统，称为水冷系统。

二、发动机冷却系统的功用

发动机冷却系统的功用是在所有工况下，保证发动机在最适宜的温度下工作。冷却系统匹配是否合适,将直接影响发动机的使用寿命和燃油经济性。因此,在冷却系统的设计及计算中,散热器的选型以及风扇的匹配对冷却系统起着至关重要的作用。

三、发动机冷却系统的组成

汽车发动机上采用的水冷系统,都是用水泵强制地使冷却液在冷却系统中进行循环流动的,为强制循环式水冷系统。水冷系统由冷却装置(水泵、风扇和散热器等)、冷却强度调节装置(节温器、风扇离合器和百叶窗等)和水温显示装置(水温表、水温传感器等)3个部分组成,如图2.56所示。

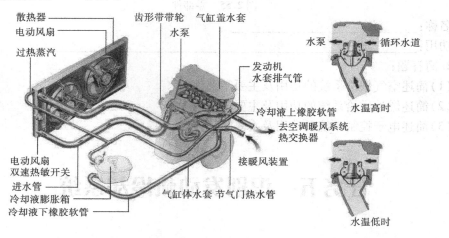

图2.56 发动机冷却系统

四、发动机冷却系统的主要部件

(一)散热器

汽车散热器由进水室、出水室和散热器芯3个部分构成。冷却液在散热器芯内流动,空气在散热器外通过。热的冷却液因向空气散热而变冷,冷空气则因吸收冷却液散发的热量而升温,如图2.57所示。

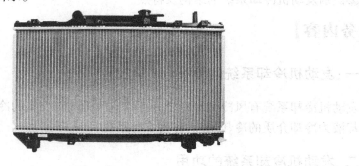

图2.57 散热器

（二）水泵

汽车发动机广泛采用离心式水泵。水泵由水泵壳体、连接盘或皮带轮、水泵轴及轴承或轴连轴承、水泵叶轮和水封装置等构成，如图 2.58 所示。水泵的功用是对冷却液加压，保证其在冷却系统中循环流动。水泵的故障通常为水封的损坏造成漏液，轴承损坏使转动不正常或出声。在出现发动机过热现象时，最先应注意的是水泵皮带，检查皮带是否断裂或松动。

（三）风扇

风扇安装在散热器后面。当风扇旋转时，产生轴向吸力，使大量空气进入散热器芯内，把芯内冷却液散发的热量带走，从而使散热器芯内外保持较大的温差，增强散热。多数发动机在风扇外围设有一个护风罩，护风罩固定在散热器上。其功用是使机芯内的气流分布均匀，如图 2.59 所示。

图 2.58　水泵　　　　　　　　　图 2.59　风扇

（四）冷却液

冷却液又称防冻液，是由防冻添加剂及防止金属产生锈蚀的添加剂和水组成的液体，如图 2.60 所示。它具有防冻性、防蚀性、热传导性及不变质的性能。

（五）蓄液罐

蓄液罐的功用是补充冷却液和缓解"热胀冷缩"的变化，因此不要加液过满。如果蓄液罐完全用空，就不能仅仅在罐中加液，需要开启散热器盖检查液面，并添加冷却液，否则蓄液罐就会失去功用，如图 2.61 所示。

图 2.60　冷却液　　　　　　　　图 2.61　蓄液罐

五、冷却强度调节装置

发动机因使用条件(如转速、负荷和环境气温等)经常改变,冷却强度也必须随之改变,才能保证发动机在最有利的温度下工作。例如,在冷车起动暖机时,希望快一点使发动机达到正常工作温度,故冷却强度要小;夏季天气热,发动机散热速度慢,冷却强度要加大,而冬季冷却强度则应减小;发动机在低速、大负荷工况下,本身温度高,故冷却强度也要加大。因此,要求冷却系统要具有冷却强度调节功能。冷却强度可用改变通过散热器的空气流量(采用百叶窗、自动风扇离合器和温控电风扇等)和改变冷却液的循环路线与流量的方法进行调节(采用节温器)。

(一)节温器

由冷却循环可知,节温器是决定走"冷车循环"还是"正常循环"的。节温器在 80 ℃后开启,95 ℃时开度最大。节温器不能关闭,会使循环从开始就进入"正常循环",这样就造成发动机不能尽快达到或无法达到正常温度。节温器不能开启或开启不灵活,会使冷却液无法经过散热器循环,造成温度过高。如果因节温器不能开启而引起过热时,散热器上下两水管的温度和压力会有所不同,如图 2.62 所示。

图 2.62 节温器

图 2.63 百叶窗

(二)百叶窗

百叶窗装在水箱散热器的前面。当冷却液温度过低时,驾驶员可通过装在驾驶室内的操纵手柄将百叶窗部分或全部关闭,以减少吹过散热器的空气流量,使水温回升。有的汽车用蜡式节温器自动调节百叶窗的开度,如图 2.63 所示。

六、水温显示装置

(一)水温表

发动机水温表用于指示发动机冷却液的温度,如图2.64所示。冷却液温度信号由装在发动机缸盖上的发动机冷却液温度传感器提供。发动机正常工作时,其显示值应在 80 ~90 ℃。

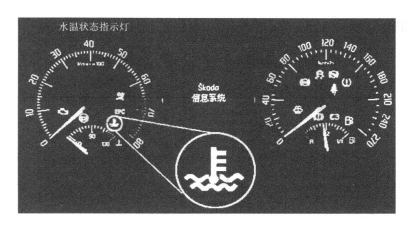

图 2.64 水温表

（二）水温传感器

水温传感器显示发动机冷却水的温度，如图 2.65 所示。温度越低，电阻越大;反之，电阻越小。电控单元根据这一变化测得发动机冷却水的温度，作为燃油喷射和点火正时的修正信号。

图 2.65 水温传感器

【任务测试】

1. 按图作答。

（1）根据图 2.66 写出零部件的名称及功用。

图 2.66 零部件

名称：＿＿＿＿＿＿＿＿＿＿＿＿＿＿＿＿＿

功用：＿＿＿＿＿＿＿＿＿＿＿＿＿＿＿＿＿

（2）根据图 2.67 写出零部件的名称及功用。

图 2.67　零部件

名称：_____

功用：_____

（3）根据图 2.68 写出零部件的名称及功用。

图 2.68　零部件

名称：_____

功用：_____

（4）根据图 2.69 写出零部件的名称及功用。

图 2.69　零部件

名称:_____

功用:_____

2.简答题:

(1)简述发动机冷却系统的功用及组成。

(2)简述散热器的功用。

(3)简述节温器的功用。

(4)简述水泵的功用。

任务六　识别发动机润滑系统

【任务描述】

发动机工作时,零件表面之间的摩擦不仅会使零件磨损、消耗功率,而且摩擦生热,可能导致零件表面烧损或膨胀后卡滞而无法工作。因此,必须对相互摩擦的零件表面进行润滑。所谓润滑,就是在零件摩擦表面覆盖一层润滑油或润滑脂,使摩擦表面之间隔一层薄的油膜,以减小摩擦阻力。

发动机润滑系统的基本任务是将机油不断地供给各零件的摩擦表面,减少零件的摩擦和磨损,保证发动机正常工作。

【任务目标】

①识别发动机润滑系统的类型及特点。

②识别发动机润滑系统的结构及特点。

【任务内容】

一、发动机润滑系统的功用

发动机润滑系统具有润滑、清洗、冷却、密封及防锈五大作用,如图2.70所示。润滑系统不断供给零件表面的机油,不但可起到极其重要的润滑作用,而且流动的机油还可起到清洗零件表面上的磨屑和冷却零部件的作用。

二、发动机润滑方式

发动机各运动零件的工作条件不同,所要求的润滑强度也不同,采取的润滑方式也不同。润滑方式有压力润滑、飞溅润滑和定期润滑3种。润滑系统采用了压力润滑和飞溅润滑两种润滑方式。

图 2.70　发动机润滑系统

（一）压力润滑

曲轴主轴承和连杆轴承、凸轮轴轴承、摇臂轴衬套等处承受的载荷及相对运动速度很大，要用机油泵将具有一定压力的机油经油道输送到摩擦面间隙中，才能形成油膜，保证润滑，这种润滑方式称为压力润滑。

（二）飞溅润滑

利用发动机运动零件飞溅起来的油滴或油雾润滑零件的摩擦表面，称为飞溅润滑。气缸壁、汽油机的活塞销、配气机构的凸轮和挺柱等都采用飞溅润滑。

（三）定期润滑

对水泵、发电机起动机的轴承以及分电器等采用定期加注润滑脂的方式进行润滑。

三、发动机润滑系统的组成

发动机润滑系统一般由供给装置、滤清装置和仪表与信号装置 3 个部分组成。

（一）供给装置

它包括机油泵、油底壳、油管和油道以及限制泵油压力的限压阀等，用以保证润滑油以一定的压力、流量、路线和润滑部位进行润滑循环。

（二）滤清装置

滤清装置包括集滤器、粗滤器、细滤器及旁通阀等，用以清除润滑油中的各种杂质与胶质，保证润滑油具有足够的清洁度。

（三）仪表与信号装置

仪表与信号装置包括堵塞指示器、油压传感器、油压警报器、指示灯及机油压力表等，以使驾驶员及时了解并掌握发动机润滑系统的机油压力，确保发动机安全运转。

四、发动机润滑系统的主要部件

（一）供给装置

1. 机油泵

机油泵的功用是将机油提高到一定压力后，强制地压送到发动机各零件的运动表面上，如图 2.71 所示。机油泵按结构形式，可分为齿轮式和转子式两类。齿轮式机油泵又分为内接齿轮式和外接齿轮式，一般把后者称为齿轮式油泵。

2. 限压阀

限压阀与机油泵油路并联，如图 2.72 所示。其功用是调节、控制主油道的机油压力。为了保证发动机正常工作，主油道的油压必须适当，通过机油泵限压阀能调节主油道的机油压力。当发动机转速增高或机油稠度变大时，机油压力就会增高。此时，限压阀自动开启，通过机油泵回油（即机油泵出油口的机油经限压阀流向进油口），能控制主油道的油压。

图 2.71　机油泵

图 2.72　限压阀

（二）滤清装置

1. 集滤器

机油集滤器安装在机油泵进油口前面。其主要功用是防止较大的机械杂质进入机油泵，如图 2.73 所示。

2. 机油滤清器

机油滤清器又称机油格，用于去除机油中的灰尘、金属颗粒、碳沉淀物及煤烟颗粒等杂质，以保护发动机，如图 2.74 所示。

图 2.73　集滤器

3. 旁通阀

旁通阀并联在机油粗滤器上。其功用是当滤清器使用的时间超过了更换期后，纸滤芯被污垢或异物严重堵塞，循环油不能通过滤芯时，为了防止出现润滑系供油中断，机

图 2.74　机油滤清器

油粗滤器上旁通阀自动开启,机油经旁通阀直接流入主油道,这样发动机压力润滑部分不会出现断油的现象。

五、其他部件

（一）油压传感器

汽车的机油压力传感器是对车辆发动机的机油压力进行检测的重要装置,检测的数据可帮助控制发动机的正常运转,如图2.75 所示。

（二）机油尺

机油尺是一种结构简单的液位计,可直接显示滑油箱内机油的液面高度,如图2.76 所示。常规机油尺都会有明显的上限位与下限位,只要确保检测出的机油油位在上下之间即可。如果能在中间位置当然最好。需要注意的一点是,机油不是越多越好,油液液面越高,其实发动机的阻力越大（因为曲轴是需要不停搅动油底壳机油来实现飞溅润滑）。理想情况下,可将液面保持在中间位置偏下一点,此时发动机的阻力最小、油耗最低,同时润滑性能也能保持稳定。

图 2.75　油压传感器

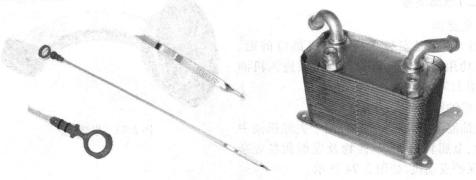

图 2.76　机油尺　　　　　图 2.77　机油散热器

（三）机油散热器

机油散热器的功用是对机油进行强制冷却,防止油温过高而使机油消耗量增加,同时防止机油氧化、变质等,如图 2.77 所示。

【任务测试】

1. 按图作答。

（1）根据图 2.78 写出零部件的名称及功用。

图 2.78 零部件

名称:＿＿＿＿＿＿＿＿＿＿＿＿＿＿＿＿

功用:＿＿＿＿＿＿＿＿＿＿＿＿＿＿＿＿＿＿＿＿＿＿

（2）根据图 2.79 写出零部件的名称及功用。

图 2.79 零部件

名称:＿＿＿＿＿＿＿＿＿＿＿＿＿＿＿＿

功用:＿＿＿＿＿＿＿＿＿＿＿＿＿＿＿＿＿＿＿＿＿＿

（3）根据图 2.80 写出零部件的名称及功用。

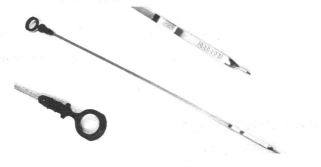

图 2.80 零部件

名称:＿＿＿＿＿＿＿＿＿＿＿＿＿＿＿＿

功用:＿＿＿＿＿＿＿＿＿＿＿＿＿＿＿＿＿＿＿＿＿＿

（4）根据图2.81写出零部件的名称及功用。

图2.81　零部件

名称：_____

功用：_____

2.简答题：

（1）简述发动机润滑系统的功用及组成部分。

（2）简述供给装置的功用。

（3）简述滤清装置的功用。

（4）简述仪表与信号装置的功用。

任务七　识别发动机点火系统

【任务描述】

为了保证汽车正常工作,发动机点火系统按照各缸点火顺序,定时地供给火花塞,以足够高能量的高压电(15 000 ~ 30 000 V),使火花塞产生足够强的火花,点燃可燃混合气。

【任务目标】

①识别发动机点火系统的类型及特点。

②识别传统点火系统的结构及特点。

③识别电子点火系统的结构及特点。

【任务内容】

一、发动机点火系统的功用及组成

发动机点火系统是汽油发动机重要的组成部分。点火系统的性能良好与否对发动机的功率、油耗和排气污染等影响很大。能在火花塞两电极间产生电火花的全部设备,称为发动机点火系统。它通常由电源(蓄电池和发电机)点火开关、分电器、点火线圈及火花塞等组成,如图 2.82 所示。

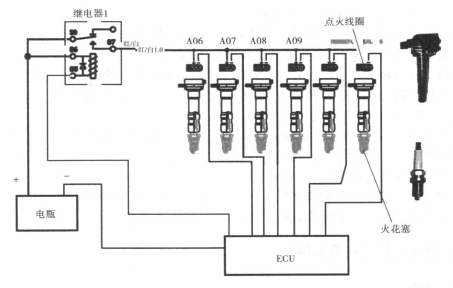

图 2.82　发动机点火系统

二、传统点火系统的工作原理

电源是蓄电池,其电压为 12 V 或 24 V。点火线圈实际上是一个变压器,主要由初级绕组、次级绕组和铁芯组成。

断电器是一个凸轮操纵的开关。断电器凸轮由发动机配气凸轮驱动,并以同样的转速旋转,即曲轴齿轮每转两圈,凸轮轴转一圈。为了保证曲轴转两圈各缸轮流点火一次,断电器凸轮的凸棱数一般等于发动机的气缸数。断电器的触点与点火线圈的初级绕组串联,用来切断或接通初级绕组的电路。

触点闭合时,初级电路通电,初级电流从蓄电池的正极经点火开关、点火线圈的初级绕组、断电器触点臂、触点,搭铁流回蓄电池的负极,为低压电路。触点断开时,在初级绕组通电时,其周围产生磁场,并由于铁芯的作用而加强。

初级绕组中电流下降的速度越大,铁芯中磁通的变化就越大,次级绕组中的感应电压也就越高。初级电路为低压电路,次级电路为高压电路。

在断电器触点分开瞬间,次级电路中分火头恰好与侧电极对准,次级电流从点火线圈的次级绕组,经蓄电池正极、蓄电池、搭铁、火花塞侧电极、火花塞中心电极、高压导线、配电器流回次级绕组。

三、电子点火系统的工作过程及分类

传统点火系统工作时,断电器触点分开瞬间,会在触点处产生火花,烧损触点。当火花塞积炭时,易漏电,次级电压上不去,不能可靠地点火,产生高速缺火现象。半导体点火系统克服了这些缺点,具有较强的跳火能力,使点火可靠。

电子点火系统大体分为以下3类:

①由电磁、红外或霍尔元器件构成的非接触式断电器组成的点火系统,称为无触点点火器。其放大电路又分晶体管电路和电容放电电路两种。

②ECU(Electronic Control Unit)控制的点火系统由ECU中的微处理器根据曲轴转角传感器的信号确定点火时刻,因此它没有断电器,只有分电器。根据ECU送来的信号直接控制点火线圈初级电路的通断。

③无分电器点火系统(Distributor-Less Ignition)是当前最先进的点火系统,曲轴传感器送来的不仅有点火时刻信号,而且还有气缸识别信号,从而使点火系统能向指定的气缸在指定的时刻送去点火信号。这就要求每缸配有独立的点火线圈,但如果是六缸机,则1和6缸、2和5缸、3和4缸分别共用一个点火线圈,即共有3个点火线圈。显然每一个点火线圈点火时,总有一个缸是空点火,检测时应注意到这一点。

四、点火系统的主要部件

(一)电源

蓄电池(见图2.83)或发电机(见图2.84)供给点火系统的低压电能,标准电压一般是12 V。

图2.83　蓄电池　　　　　　图2.84　发电机

(二)点火开关

点火开关控制点火系统初级电路,还可控制仪表电路和起动继电器电路等,如图2.85所示。

图 2.85　点火开关

（三）点火线圈

点火线圈将 12 V 的低压电变成 15～20 kV 的高压电,如图 2.86 所示。

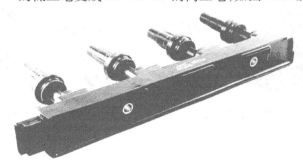

图 2.86　点火线圈

（四）分电器

分电器包括断电器、配电器和点火提前机构,如图 2.87 所示。

1. 断电器

断电器产生点火的信号。

2. 配电器

配电器将点火线圈产生的高压电,按照发动机的工作顺序送至各缸的火花塞。

3. 点火提前机构

点火提前机构随发电机转速、负荷和汽油辛烷值的变化,改变点火提前角。

（五）电容器

电容器防止触点烧损,提高次级电压,如图 2.88 所示。

（六）高压导线

高压导线将高压电从配电器引至火花塞,如图 2.89 所示。

（七）火花塞

火花塞在燃烧室内产生电火花,点燃混合气,如图 2.90 所示。

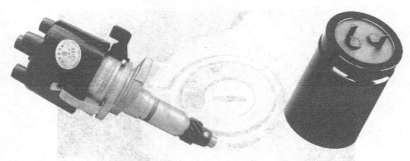

图 2.87　分电器　　　　　　　　　　图 2.88　电容器

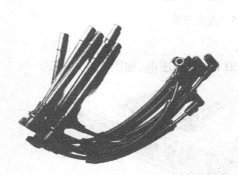

图 2.89　高压导线　　　　　　　　　图 2.90　火花塞

【任务测试】

1. 按图作答。

(1)根据图 2.91 写出零部件的名称及功用。

图 2.91　零部件

名称：_____

功用：_____

（2）根据图 2.92 写出零部件的名称及功用。

图 2.92　零部件

名称：＿＿＿＿＿＿＿＿＿＿＿＿＿＿＿＿＿

功用：＿＿＿＿＿＿＿＿＿＿＿＿＿＿＿＿＿＿＿＿＿＿＿＿

（3）根据图 2.93 写出零部件的名称及功用。

图 2.93　零部件

名称：＿＿＿＿＿＿＿＿＿＿＿＿＿＿＿＿＿

功用：＿＿＿＿＿＿＿＿＿＿＿＿＿＿＿＿＿＿＿＿＿＿＿＿

（4）根据图 2.94 写出零部件的名称及功用。

图 2.94　零部件

名称：＿＿＿＿＿＿＿＿＿＿＿＿＿＿＿＿＿

功用：_____

2. 简答题：

（1）简述发动机点火系统的功用及组成部分。

（2）简述电子点火系统的类型。

（3）简述传统点火系统的工作原理。

（4）简述无分电器点火系统的优点。

任务八　识别发动机起动系统

【任务描述】

起动系统将储存在蓄电池内的电能转换为机械能。要实现这种转换，必须使用起动机。起动机的功用是由直流电动机产生动力，经传动机构带动发动机曲轴转动，从而实现发动机的起动。

【任务目标】

①识别发动机起动系统的类型及特点。

②识别发动机起动系统的结构及特点。

【任务内容】

一、发动机起动系统的功用

要使发动机由静止状态过渡到工作状态，必须先用外力转动发动机的曲轴，使活塞作往复运动，气缸内的可燃混合气燃烧膨胀做功，推动活塞向下运动使曲轴旋转，发动机才能自行运转，工作循环才能自动进行。因此，曲轴在外力作用下开始转动到发动机开始自动怠速运转的全过程，称为发动机的起动。

二、发动机起动系统的组成

发动机起动系统包括蓄电池、点火开关（起动开关）、起动机总成、驱动齿轮、直流电动机、起动继电器及飞轮齿圈等，如图 2.95 所示。

三、起动机的类型

发动机按照所用直流电动机的形式，可分为普通起动机和永磁起动机。一般是按控制装置和传动机构的不同进行分类。

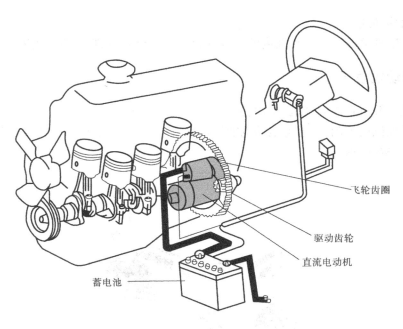

图 2.95　起动系统

（一）按控制装置分类

1. 直接操纵式起动机

它是由脚踏或手拉杠杆联动机构直接控制起动机的主电路开关来接通或切断主电路,也称机械式起动机。这种方式虽然结构简单、工作可靠,但要求起动机、蓄电池靠近驾驶室,受安装布局的限制,而且操作不便,因此已很少采用。

2. 电磁操纵式起动机

它是由按钮或点火开关控制继电器,再由继电器控制起动机的主开关来接通或切断主电路,也称电磁控制式起动机。这种方式可实现远距离控制,工作方便,在现代汽车上广泛采用。

（二）按传动机构的啮合方式分类

1. 惯性啮合式起动机

旋转时,其啮合小齿轮靠惯性力自动啮入飞轮齿环。起动后,小齿轮又借惯性力自动与飞轮齿环脱离。这种啮合机构结构简单,但不能传递较大的转矩,而且可靠性较差,已很少采用。

2. 强制啮合式

依靠电磁力或人力拉动杠杆机构,拨动鸡翅齿轮强制啮入飞轮齿圈。工作可靠性高,现代汽车广泛采用。

3. 电枢移动式

依靠磁极磁通的电磁力使电枢产生轴向移动,从而将驱动齿轮啮入飞轮齿圈,结构较复杂,东欧国家的汽车较多采用。

4. 齿轮移动式

依靠电磁开关推动电枢轴孔内的啮合杆,从而使驱动齿轮啮入飞轮齿圈。

四、起动机总成

起动机一般由直流电动机、单向传动机构和操纵机构3个部分组成。其功用是直流电动机由操纵机构控制,将蓄电池的电能转换为机械能,再通过其传动机构将发动机拖转起动,如图2.96所示。

图2.96 起动机

(一)直流电动机

现代汽车一般使用直流串励式电动机。这种直流电动机的励磁绕组与电枢绕组串联。它主要由电枢、磁极铁芯、电刷和电刷架、壳体以及前端盖、后端盖等组成,如图2.97所示。

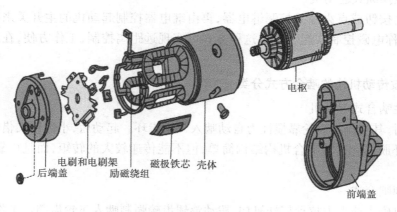

电枢

后端盖　电刷和电刷架　磁极铁芯　壳体

励磁绕组

前端盖

图2.97 直流电动机

1. 磁极

磁极用来产生电动机的磁场。它由磁极铁芯、励磁绕组和壳体组成,如图2.98所示。

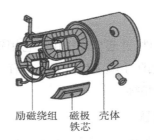

励磁绕组　磁极铁芯　壳体

图2.98　磁极

2.电枢

电枢又称转子,用来产生电磁转矩。它由铁芯、电枢绕组、电枢轴及换向器等组成,如图2.99所示。

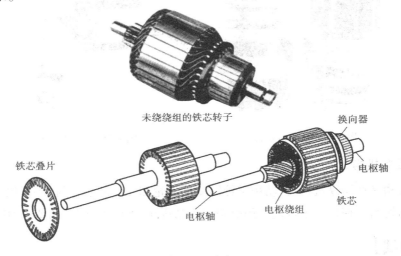

未绕绕组的铁芯转子

换向器

铁芯叠片

电枢轴

电枢轴　电枢绕组　铁芯

图2.99　电枢

(二)电刷和电刷架

电刷和电刷架的功用是将电流引入电枢使之产生定向转矩,如图2.100所示。

(三)前后端盖与轴承

电动机的端盖有前端盖和后端盖之分。前端盖用钢板压制,内装电刷架;后端盖用灰铸铁或用铝合金铸造,内装电机传动机构,有拨叉座及驱动齿轮行程调整螺钉,它们分别装在机壳的两端,用两个长螺栓与机壳相联。两端盖上都压装着滑动轴承,有些起动机还采用滚动轴

图2.100　电刷和电刷架

承。因电枢轴较长,故在后端盖上装有带滑动轴承的中间支承板,它与后端盖间形成的一个较大空腔用来安装传动机构。

（四）机壳

机壳为基础件,并起导磁作用。它用钢管制成,其一端开有窗口,作为观察电刷与换向器之用,平时用防尘箍盖住。壳上只有一个与外壳绝缘的电源接线柱,并在机壳内部与磁场绕组的一端相接。

（五）传动装置

传动装置也称单向传动机构,由单向离合器和传动拨叉等组成。其功用是在发动机起动时,使驱动小齿轮与飞轮齿圈啮合,传递电动机转矩以起动发动机,在发动机起动后自动打滑,保证电枢不致飞散损坏,如图2.101所示。

图2.101　传动装置　　　　　　　图2.102　控制机构

（六）控制机构

控制机构又称操纵机构,其功用是控制驱动齿轮和飞轮的啮合与分离;控制电动机电路的接通与切断。现代汽车普遍采用电磁式控制机构,即电磁开关,如图2.102所示。

【任务测试】

1.按图作答。

（1）根据图2.103写出零部件的名称及功用。

图2.103　零部件

名称:＿＿＿＿＿＿＿＿＿＿＿＿＿＿＿＿＿＿＿＿＿＿＿＿＿＿

功用:＿＿＿＿＿＿＿＿＿＿＿＿＿＿＿＿＿＿＿＿＿＿＿＿＿＿＿＿

（2）根据图2.104写出零部件的名称及功用。

图2.104 零部件

名称：＿＿＿＿＿＿＿＿＿＿＿＿＿＿＿

功用：＿＿＿＿＿＿＿＿＿＿＿＿＿＿＿＿＿＿＿＿＿＿＿＿＿＿

（3）根据图2.105写出零部件的名称及功用。

图2.105 零部件

名称：＿＿＿＿＿＿＿＿＿＿＿＿＿＿＿

功用：＿＿＿＿＿＿＿＿＿＿＿＿＿＿＿＿＿＿＿＿＿＿＿＿＿＿

（4）根据图2.106写出零部件的名称及功用。

图2.106 零部件

名称：_____

功用：_____

2. 简答题：

（1）简述发动机起动系统的功用及组成。

（2）简述起动机的类型。

（3）简述起动机的功用及组成。

【项目学习鉴定】

通过本项目的学习，应能通过学习鉴定，具备所要求的能力。

项目学习鉴定表

序号	鉴定内容	鉴定结果	
		合格	不合格
1	结合项目，完成相关学习内容		
2	正确识别发动机的类型及特点		
3	正确识别曲柄连杆机构的结构特点		
4	正确识别发动机配气机构的结构特点		
5	正确识别燃料供给系统的结构特点		
6	正确识别发动机冷却系统的结构特点		
7	正确识别发动机润滑系统的结构特点		
8	正确识别发动机点火系统的结构特点		
9	正确识别发动机起动系统的结构特点		
10	能有效收集学习资料，拓展学习		
11	能团队合作学习，正确交流		

上述所有表格内容必须合格。如果不合格，应咨询教师是否需要增加学习活动，以达到学习要求。

教师签字_____

学生签字_____

完成日期_____

项目三　识别汽车底盘部件

【项目描述】

汽车一般由发动机、底盘、车身及电气设备4个基本部分组成。汽车底盘的功用是支承、安装汽车发动机及其各部件、总成，形成汽车的整体造型，并接受发动机的动力，使汽车产生运动，保证正常行驶。底盘由传动系统、行驶系统、转向系统及制动系统4个部分组成。

【项目目标】

①能识别汽车传动系统的功用、类型及结构。
②能识别汽车行驶系统的功用、类型及结构。
③能识别汽车转向系统的功用、类型及结构。
④能识别汽车制动系统的功用、类型及结构。

任务一　识别汽车传动系统

【任务描述】

汽车发动机与驱动轮之间的动力传递装置，称为汽车传动系统。它保证汽车具有在各种行驶条件下所必需的牵引力、车速，以及保证牵引力与车速之间协调变化等功能。汽车传动系统包括离合器、变速器、传动轴、主减速器、差速器及半轴等部分。

【任务目标】

①识别汽车传动系统的功用和总体结构。
②识别离合器的功用及结构。
③识别变速器的功用及结构。
④识别万向传动装置的功用及结构。

⑤识别驱动桥的功用及结构。

【任务内容】

一、汽车传动系统的功用和组成

（一）功用

将发动机经飞轮输出的动力传递给驱动车轮，并改变扭矩的大小，以适应行驶条件的需要，保证汽车正常行驶。此外，还具有改变车速、倒向行驶、切断动力及差速等功用。

（二）组成

汽车传动系统主要由离合器、变速器、传动轴、主减速器、差速器及半轴等组成，如图3.1所示。

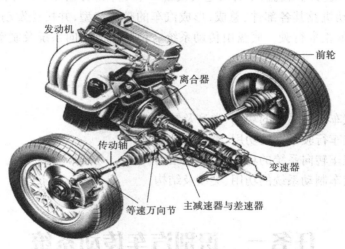

发动机

前轮

离合器

传动轴

变速器

等速万向节

主减速器与差速器

图3.1 传动系统结构图

（三）传动系统的布置形式

①发动机前置后轮驱动（FR）。
②发动机前置前轮驱动（FF）。
③发动机中置后轮驱动（MR）。
④发动机后置后轮驱动（RR）。
⑤全轮驱动（nWD）。

二、离合器的组成及功用

离合器位于发动机和变速箱之间的飞轮壳内，用螺钉将离合器总成固定在飞轮的后平面上。离合器的输出轴就是变速箱的输入轴。

（一）离合器的功用

①保证汽车平稳起步。

②保证换挡时工作平顺。

③防止传动系过载。

（二）离合器的类型

离合器的类型较多，主要有电磁离合器、摩擦式离合器和液力离合器。

①电磁离合器：靠线圈的通断电来控制离合器的接合与分离。

②摩擦式离合器：应用得最广，也是历史最久的一类离合器。

③液力离合器：用流体（一般用油）作传动介质。

（三）识别离合器结构（以摩擦离合器为例）

离合器由主动部分、从动部分、压紧机构及操作机构4个部分组成。摩擦式离合器的结构如图3.2所示。

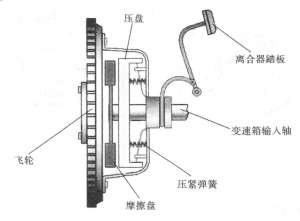

图3.2　摩擦式离合器结构图

1.主动部分

组成：飞轮（见图3.3）、压盘总成（见图3.4）和离合器盖。

图3.3　飞轮

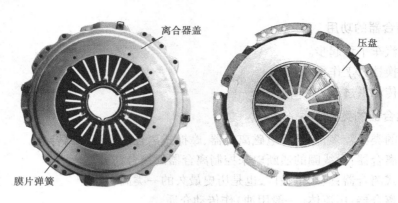

图 3.4　压盘总成

2. 从动部分

组成：从动盘（见图 3.5）和从动轴。

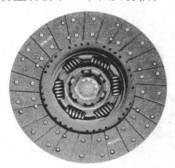

图 3.5　从动盘

3. 压紧部分

组成：膜片或螺旋弹簧，如图 3.6 所示。

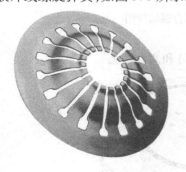
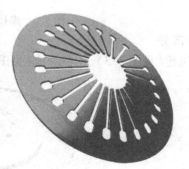

图 3.6　膜片或螺旋弹簧

4. 操作机构

组成：分离杠杆、浮动支承、踏板、回位弹簧拉杆调节叉、分离叉（见图 3.7）及分离轴承（见图 3.8）。

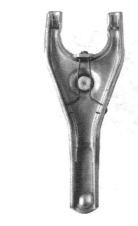

图 3.7 分离叉

图 3.8 分离轴承

三、变速器的功用及结构

（一）普通变速器

1. 变速器的功用

①改变传动比。以扩大发动机输出扭矩和转速的变动范围,满足汽车行驶中各种条件下对牵引力和车速的要求,同时,使发动机在较为经济的工况下工作。

②设置倒挡。使汽车在发动机旋转方向不改变的前提下,能倒向行驶。

③设置空挡。在发动机正常工作时,切断发动机的动力传递,以满足需要发动机运转,而不需要汽车行驶的要求。

2. 变速器的类型

1）按传动比变化方式分类

①有级式变速器。

②无级变速器。

③综合式变速器。

2）按操纵方式分类

①手动变速器。

②自动变速器。

变速器实物图如图3.9所示。

图3.9　变速器实物图

3. 普通二轴式变速器结构及动力传递路线

一挡动力传递路线如图3.10所示。

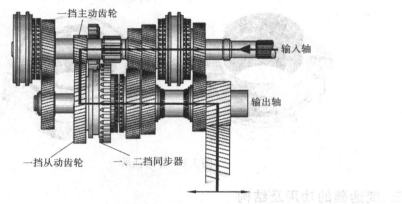

图3.10　一挡动力传递路线

二挡动力传递路线如图3.11所示。

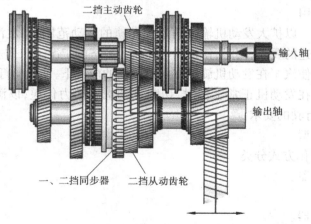

图3.11　二挡动力传递路线

三挡动力传递路线如图3.12所示。

四挡动力传递路线如图3.13所示。

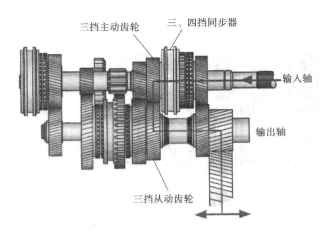

图 3.12 三挡动力传递路线

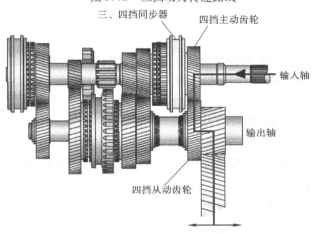

图 3.13 四挡动力传递路线

五挡动力传递路线如图 3.14 所示。

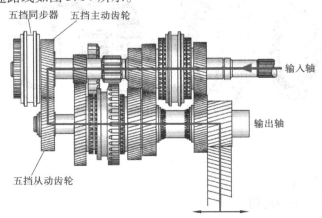

图 3.14 五挡动力传递路线

倒挡动力传递路线如图 3.15 所示。

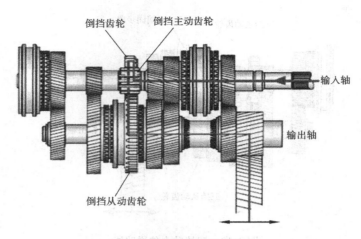

图 3.15　倒挡动力传递路线

4.同步器

1）同步器的功用

同步器的功用是使接合套与待接合的齿圈二者之间迅速达到同步,并阻止二者在同步前进入啮合;消除换挡时的冲击,缩短换挡时间;简化换挡过程,使换挡操作简捷而轻便。

2）同步器的类型

同步器有惯性式、常压式和自增力式等。

3）同步器的组成

同步器是由同步装置(包括推动件和摩擦件)、锁止装置和接合装置3个部分组成。

4）锁环式惯性同步器

锁环式惯性同步器如图3.16所示。

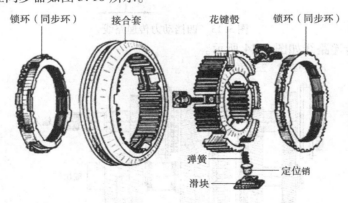

图 3.16　锁环式惯性同步器

5.变速器操纵机构

1）变速器操纵机构的功用

变速器操纵机构的功用是保证驾驶员根据使用条件,准确、可靠地使变速器挂入所需要的挡位工作,并可随时使之退入空挡。

2）变速器操纵机构的类型

（1）直接操纵式

直接操纵式变速器操纵机构如图3.17所示。

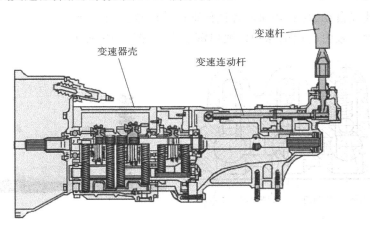

图3.17　直接操纵式变速器操纵机构

（2）远距离操纵式

远距离操纵式变速器操纵机构如图3.18所示。

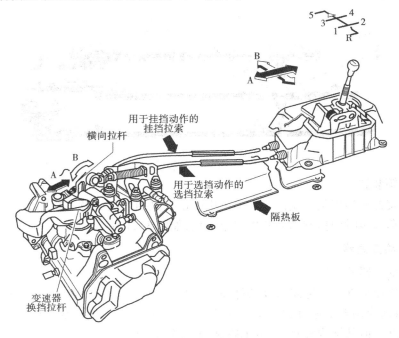

图3.18　远距离操纵式变速器操纵机构

6. 变速器锁止装置

1）自锁装置

自锁装置的功用是对各挡拨叉轴进行轴向定位锁止，以防止其自动产生轴向移动而造成自动挂挡或自动脱挡，并保证各挡传动齿轮以全齿长啮合。

自锁装置一般由自锁钢球和自锁弹簧组成，如图 3.19 所示。

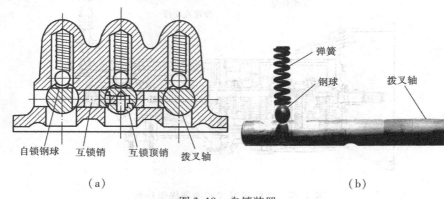

自锁钢球　互锁销　互锁顶销　拨叉轴

（a）

弹簧

钢球

拨叉轴

（b）

图 3.19　自锁装置

2）互锁装置

互锁装置的功用是阻止两个拨叉轴同时移动，防止同时挂入两个挡位，避免因同时啮合的两挡齿轮其传动比不同而互相卡住，造成运动干涉甚至造成零件损坏，如图 3.20 所示。

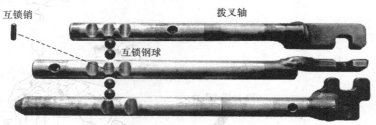

互锁销　　　　　　　　　拨叉轴

互锁钢球

图 3.20　互锁装置

3）倒挡锁装置

倒挡锁装置的功用是防止汽车在前进中因误挂倒挡而造成极大的冲击，使零件损坏，并防止在汽车起步时误挂倒挡而造成安全事故，如图 3.21 所示。

（二）自动变速器

1. 自动变速器的功用

自动变速器根据汽车道路行驶条件和载荷情况，即根据发动机功率大小及车速，在最适宜时间，自动换挡至最适宜的挡位。它具有操作方便、换挡平稳、乘坐舒适，以及过载保护性好等特点。但其结构较复杂，成本较高，修理较麻烦。

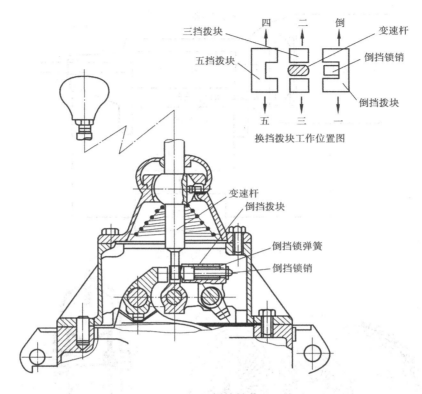

图 3.21　倒挡锁装置

2.自动变速器的类型

1)按传动比变化方式分类

①有级式自动变速器。

②无级式自动变速器。

③综合式自动变速器。

2)按汽车的驱动方式分类

①后驱自动变速器。

②前驱自动变速器。

3)按变速系统的控制方式分类

①液控液力自动变速器(AT),如图 3.22 所示。

②电控液力自动变速器(AMT)。

3.自动变速器的组成

自动变速器通常由液力变矩器、机械式变速器、液力系统、控制系统及操纵系统组成。

1)液力变矩器

液力变矩器是由泵轮、涡轮和壳体等组成的液力元件,如图 3.23 所示。它安装在发动机和变速器之间,以液压油为工作介质,起传递转矩、变矩、变速及离合的作用。

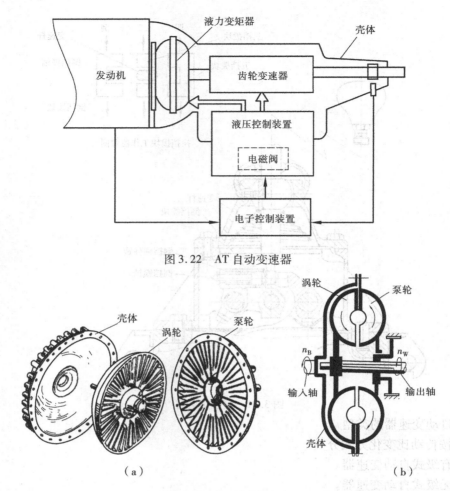

图 3.22　AT 自动变速器

图 3.23　液力变矩器结构示意图

2）行星齿轮传动机构

（1）行星齿轮传动机构的功用

提供几种传动比，以获得适当的转矩及转动速度，满足行车条件及驾驶员的需求。提供倒挡齿轮，实现倒车。提供停车的空挡齿轮，实现发动机怠速运转。

（2）行星齿轮传动机构的组成

行星齿轮传动机构安装于铝合金制成的变速器壳体内，由行星齿轮组、离合器、制动器、轴与轴承等组成，如图 3.24 所示。

3）自动变速器控制系统

自动变速器控制系统主要由动力源、控制机构和执行机构 3 个部分组成。其结构如图 3.25 所示。

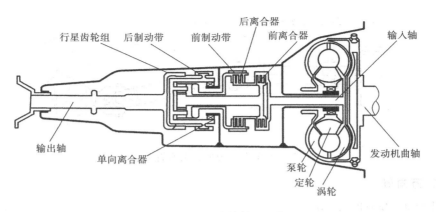

图 3.24　行星齿轮传动机构

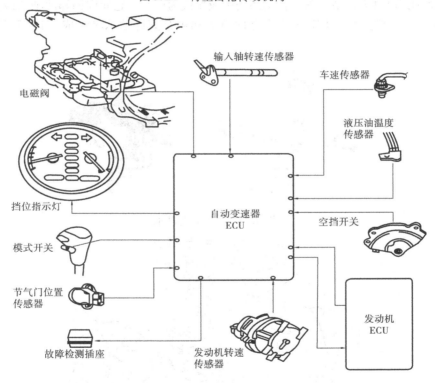

图 3.25　自动变速器控制系统

四、万向传动装置的功用及构造

（一）万向传动装置的功用和组成

在轴线相交且相对位置经常变化的转轴间传递动力的装置，称为万向传动装置。万向传动装置一般由万向节和传动轴组成，有的还加有中间轴承，如图 3.26 所示。

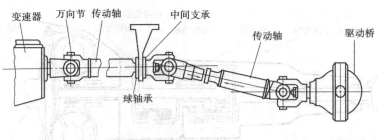

图 3.26 万向传动装置

（二）万向节

1.十字轴式刚性万向节

十字轴式刚性万向节在汽车传动系统中应用最为广泛。它允许相邻两轴的最大交角为 15°~20°。它一般由 1 个十字轴、2 个万向节叉和 4 个滚针轴承等组成,如图 3.27、图3.28 所示。

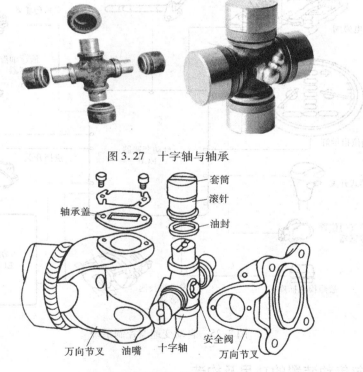

图 3.27 十字轴与轴承

图 3.28 十字轴式刚性万向节

2.等角速万向节

在独立悬架的转向驱动桥中,由于受轴间尺寸的限制及要求偏转角大等原因影响,普通万向节已不能适应其要求,因此广泛采用了多种类型的等角速万向节。常见的等角速万向节有双联式、三销轴式、球叉式及球笼式。

1)双联式等角速万向节

从结构原理上看,双联式等角速万向节实际是一套传动轴长度减缩至最小的双刚性十字轴万向节的等速传动装置,如图 3.29 所示。

图 3.29 双联式准等角速万向节

2)三销轴式等角速万向节

三销轴式等角速万向节是由双联式万向节演变而来的。如图 3.30 所示为转向驱动桥中的三销轴式准等角速万向节。它主要由 2 个偏心轴叉、2 个三销轴、6 个轴承及密封件等组成。

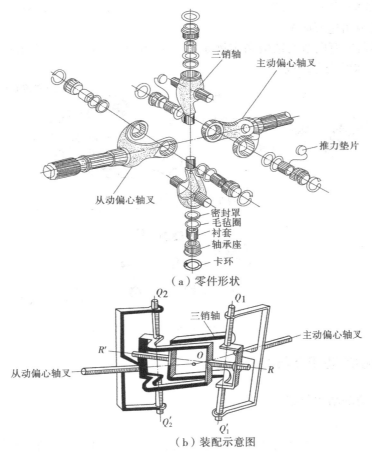

（a）零件形状

（b）装配示意图

图 3.30 三销轴式准等角速万向节

3）球叉式等角速万向节

球叉式等角速万向节的基本原理是从结构上保证万向节在工作过程中，其传力点永远位于两轴交角的平分面上。它主要由主从动叉、4个传动钢球、定心钢球、定位销及锁止销组成，如图3.31和图3.32所示。

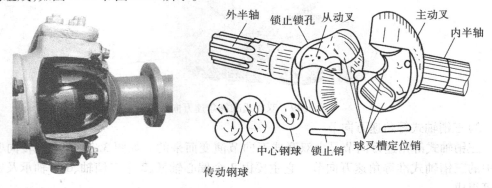

图3.31　球叉式等角速万向节实物　　　　图3.32　球叉式等角速万向节

4）球笼式等角速万向节

球笼式等角速万向节的结构和实物如图3.33和图3.34所示。它由星形套、钢球保持架（球笼）和球形壳等组成。

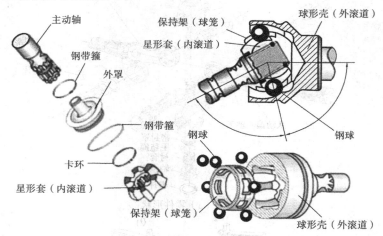

图3.33　球笼式等角速万向节的结构

五、驱动桥的功用及结构

（一）驱动桥的功用与组成

1.驱动桥的功用

驱动桥的功用是将发动机传出的扭矩经过它传给驱动车轮，达到降速和增大扭矩的目的。

图3.34　球笼式等角速万向节实物

2.驱动桥的组成

驱动桥由主减速器、差速器、半轴、轮毂及桥壳等组成,如图3.35所示。

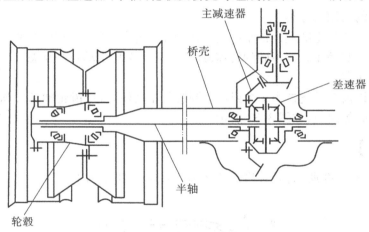

图3.35　一般汽车驱动桥组成

(二)驱动桥的分类

1.非断开式驱动桥

驱动车轮采用非独立悬架时,应选用非断开式驱动桥。非断开式驱动桥也称整体式驱动桥,其半轴套管和主减速器壳均与轴壳刚性连接一个整体梁,因而两侧的半轴和驱动轮相应摆动,通过弹性元件与车架相联。它由驱动桥壳、主减速器、差速器及半轴组成。

2.断开式驱动桥

驱动桥采用独立悬架,即主减速器壳固定在车架上。两侧的半轴和驱动轮能在横向平面相对于车体有相对运动的,则称为断开式驱动桥。

(三)主减速器

1.主减速器的功用

主减速器的功用是降低传动轴传来的转速增大输出扭矩,并改变旋转方向,使传动轴左右旋转变为半轴的前后旋转。其结构如图3.36所示。

2. 主减速器的结构类型

按减速齿轮副的级数,可分为单级和双级主减速器;按主减速器速比挡数,可分为单速和双速主减速器;按主减速器所在位置,可分为中央主减速器和轮边主减速器。

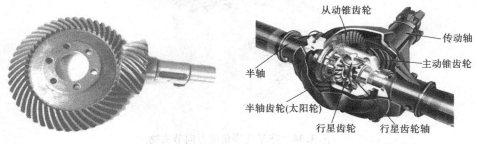

图 3.36　主减速器

图 3.37　差速器构造

(四)差速器

1. 差速器的功用与分类

差速器除了能把主减速器传来的动力传给驱动轮外,当左右车轮行驶条件不同时,还能自动调整左右驱动车轮以不同的转速旋转,使车轮保持滚动行驶状态。

2. 普通差速器

普通行星锥齿轮差速器由 2 个或 4 个圆锥行星齿轮、行星齿轮轴、2 个圆锥半轴齿轮、垫片及差速器壳等组成,如图 3.37 所示。

【任务测试】

1. 根据如图 3.38 所示作答,将部件名称填入对应的括号内。

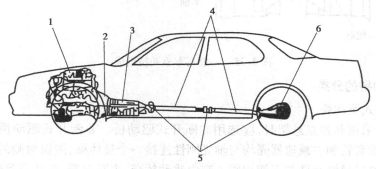

图 3.38　汽车传动系统

1(　　　　　) 2(　　　　　) 3(　　　　　)
4(　　　　　) 5(　　　　　) 6(　　　　　)

2. 根据如图 3.39、图 3.40 所示作答,将部件名称填入对应的括号内。

图 3.39　部件　　　　　　　　　　图 3.40　部件

图 3.39 的部件名称是(　　　　　　)。

图 3.40 的部件名称是(　　　　　　)。

3. 根据如图 3.41 所示作答,将部件名称填入对应的括号内。

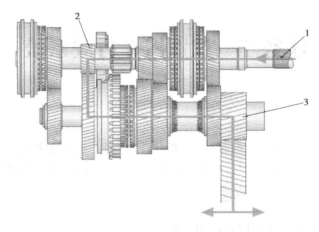

图 3.41　零部件

1(　　　　　) 2(　　　　　) 3(　　　　　)

4. 根据如图 3.42 所示作答,将部件名称填入对应的括号内。

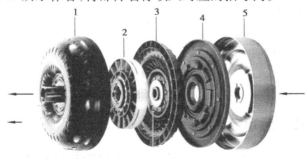

图 3.42　零部件

1(　　　　) 2(　　　　) 3(　　　　) 4(　　　　) 5(　　　　)

5. 根据如图 3.43 所示作答,将部件名称填入对应的括号内。

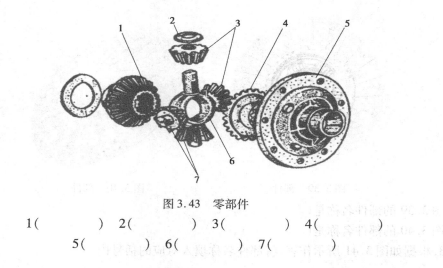

图3.43 零部件

1(   ) 2(   ) 3(   ) 4(   )
5(   ) 6(   ) 7(   )

任务二 识别汽车行驶系统

【任务描述】

汽车行驶系统一般有轮式、履带式、车轮-履带式等。绝大多数汽车经常在较坚实的道路上行驶,其行驶系统中直接与路面接触的部分是车轮,故称轮式行驶系统。

【任务目标】

①识别汽车行驶系统的功用和总体构造。
②识别车架的类型及构造。
③识别车桥的功用及构造。
④识别车轮的功用及构造。
⑤识别轮胎的功用及构造。
⑥识别悬架的功用及构造。

【任务内容】

一、汽车行驶系统的功用和总体构造

汽车行驶系统的主要功用是:将传动系统传来的转矩转化为汽车行驶的驱动力;使汽车构成一个整体;支承汽车的总质量;承受并传递路面作用于车轮上的力和力矩;减小振动,缓和冲击,保证汽车平顺行驶;与转向系配合,正确控制汽车的行驶方向。

汽车行驶系统一般有轮式、履带式、车轮-履带式等。

轮式行驶系统一般由车架、车桥、车轮及悬架4个部分组成。

二、车架的类型及构造

车架是连接在各车桥之间形似桥梁的一种结构,是整个汽车的安装基础。

(一)车架的功用

车架的功用是安装汽车的各总成和部件,并使它们保持正确的相对位置,并承受来自车上和地面的各种静、动载荷。

(二)车架的类型及构造

1. 边梁式车架

边梁式车架由两根位于两边的纵梁和若干根横梁组成,如图3.44所示。采用边梁式车架,有利于汽车的改装变形和多品种发展,因而广泛用于载货汽车、改装客车和特种车辆上。

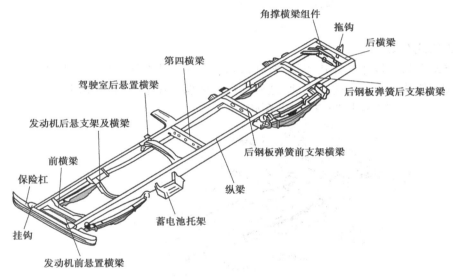

图3.44 边梁式车架

2. 中梁式车架

中梁式车架又称脊梁式车架,如图3.45所示。这种梁的特点是中部由一根大断面(圆形或矩形)的纵梁和副梁托架等组成。

3. 综合式车架

综合式车架是由边梁式车架和中梁式车架结合而成的,如图3.46所示。车架前段或后段近似边梁结构,便于分别安装发动机或驱动桥,传动轴从中梁中间穿过,这种结构制造工艺复杂,目前应用也不多。

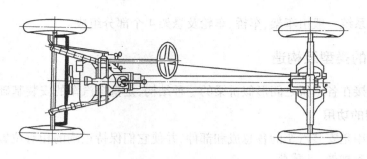

图 3.45　中梁式车架

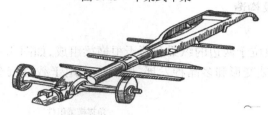

图 3.46　综合式车架

4.无梁式车架

无梁式车架是以车身兼代车架,所有的总成和零部件都安装在车身上,作用于车身的各种力和力矩均由车身承受。因此,这种车身也称承载式车身,如图 3.47 所示。

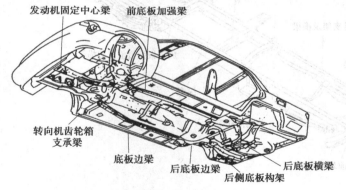

发动机固定中心梁　前底板加强梁

转向机齿轮箱
支承梁

底板边梁

后底板边梁　后侧底板构架　后底板横梁

图 3.47　无梁式车架

三、车桥的功用及结构

(一)车桥的功用

车桥的功用是安装车轮,传递车架与车轮之间的各个方向的作用力及其产生的弯矩和扭矩。

(二)车桥的分类

①车桥根据悬架结构形式,可分为非断开式和断开式两种。断开式与非独立悬架配合使用;断开式与独立悬架配合使用。

②根据车桥的作用,可分为转向桥、驱动桥、转向驱动桥及支持桥4种类型。

(三)转向桥的功用与组成

1.转向桥的功用

转向桥的功用是利用铰接装置,使装在其两端的车轮偏转一定角度来实现汽车转向;同时,还承受和传递汽车的部分载荷和汽车制动、车轮侧滑等产生的作用力及力矩。

2.转向桥的组成

转向桥主要由前轴、转向节、主销及轮毂等组成,如图3.48所示。

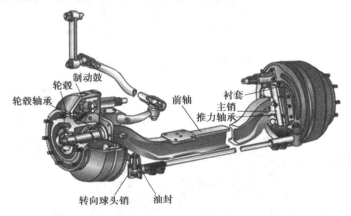

图3.48　转向桥

(四)转向驱动桥

转向驱动桥与转向桥的区别在于增加了驱动部分,在结构上既有一般驱动桥所具有的主减速器、差速器和半轴等,也有转向桥所具有的转向节和主销等,如图3.49所示。

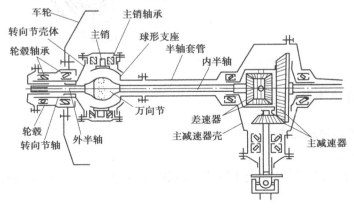

图3.49　转向驱动桥

奥迪A4轿车的断开式后驱动桥如图3.50所示。

上海桑塔纳轿车的前桥总成如图3.51所示。

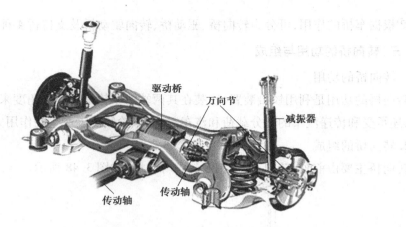

图 3.50　奥迪 A4 轿车的断开式后驱动桥

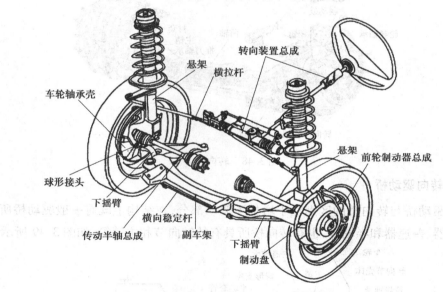

图 3.51　上海桑塔纳轿车的前桥总成

四、车轮的功用及构造

（一）车轮的功用和组成

1. 车轮的功用

车轮的功用是安装轮胎、连接半轴或转向节,并承受汽车质量和半轴或转向节传来的力矩。

2. 车轮的组成

车轮由轮毂、轮辋和轮盘等组成。

（二）车轮的类型

车轮根据轮盘的不同结构,可分为辐板式(盘式)和辐条式(辐式)两种,如图 3.52

所示。

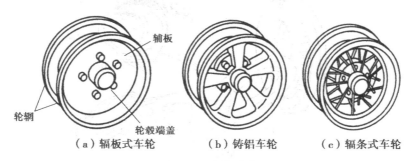

（a）辐板式车轮　　　（b）铸铝车轮　　　（c）辐条式车轮

图 3.52　车轮形式

1. 辐板式车轮

辐板式车轮主要由挡圈、轮辋、轮毂、轮盘及气门嘴伸出孔等组成。

2. 辐条式车轮

辐条式车轮是用几根辐条将轮辋与轮毂组装在一起，辐条与轮毂可制成一体，也可用螺栓联接。

五、轮胎的功用及构造

（一）轮胎的功用与分类

轮台的作用是支承汽车的总质量，传递驱动力和制动力，吸收和缓和汽车行驶时所受到的部分冲击和振动，保证汽车有良好的乘坐舒适性和行驶平顺性，以及轮胎与路面的良好附着，以提高汽车的动力性、制动性和通过性。

汽车轮胎按胎体结构不同，可分为充气轮胎和实心轮胎。现代汽车绝大多数都采用充气轮胎。充气轮胎按组成结构，可分为有内胎和无内胎两种；按其胎内工作气压的高低，可分为高压胎、低压胎和超低压胎；按其胎面花纹的不同，可分为普通花纹轮胎、越野花纹轮胎和混合花纹轮胎，如图 3.53 所示；按其胎体内帘线排列方向的不同，可分为普通斜交轮胎和子午线轮胎。

（a）纵向花纹　（b）横向花纹　（c）混合花纹　（d）马牙形花纹　（e）人字形花纹

图 3.53　胎面花纹

（二）充气轮胎

有内胎的充气轮胎由外胎、内胎和垫带组成，如图 3.54 所示。

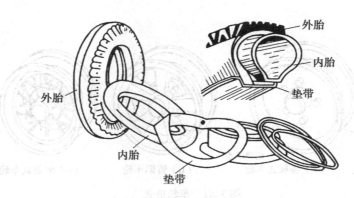

图 3.54　有内胎的充气轮胎结构

外胎是用耐磨橡胶制成的强度高又有弹性的外壳,直接与地面接触,保护内胎不受损伤。其结构如图 3.55 所示。

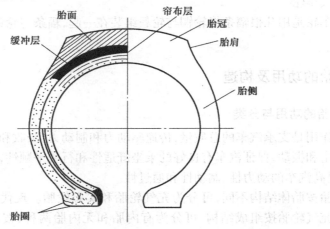

图 3.55　外胎的结构

(三)普通斜交轮胎

普通斜交轮胎的帘布层和缓冲层各相邻层帘线交叉,且与胎面中心线成小于 90°排列,如图 3.56(a)所示。

(四)子午线轮胎

帘布层帘线排列方向与轮胎子午断面一致(即与胎面中心线成 90°),如图3.56(b)所示。

(五)无内胎轮胎

无内胎轮胎就是没有内胎和垫带,充入轮胎的气体直接压入无内胎轮胎中,要求轮胎与轮辋之间有很好的密封性。其结构如图 3.57 所示。

(六)轮胎的规格(以子午线轮胎为例)

轮胎的规格主要由以下部分组成:

①轮胎名义断面宽度。单位为 mm,常见的有 195,205,215 mm 等。

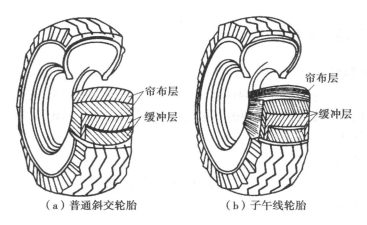

（a）普通斜交轮胎　　　　（b）子午线轮胎

图 3.56　普通斜交轮胎与子午线轮胎

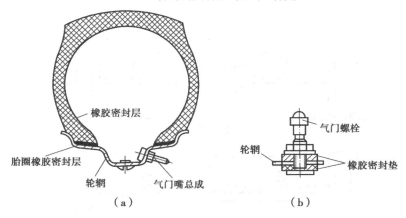

（a）　　　　　　　　　　　（b）

图 3.57　无内胎轮胎的结构

②轮胎名义扁平比。也称扁平率，常见系列有 60,65,70,75,80。

③轮胎结构标记。R 表示子午线；B 表示带束斜交；D 表示斜交。

④轮辋名义直径。单位为 in*，常用的有 13，14，15，16 in 等。

⑤负荷指数。轮胎所能承受的最大负荷，以代号的形式表示。可查询相关资料获得。

⑥速度符号。用大写英文字母表示。

例如，195/55/R16 85V，即：

195——轮胎宽度为 195 mm。

55——轮胎扁平比，即断面高度是宽度的 55%。

R——该轮胎为子午胎。

16——轮辋直径是 16 in。

85——负荷指数 85 代表最大可承重 515 kg。

V——速度级别为 240 km/h。

＊ 1 in = 2.54 cm。

六、悬架的功用及构造

（一）悬架的功用

悬架的功用是把车桥和车架弹性地连接起来,并用它来吸收和缓和行驶中因路面不平引起的车轮跳动而传给车架的冲击和振动;传递路面作用于车轮的支持力、驱动力、制动力和侧向力及其产生的力矩。

（二）悬架的组成

悬架一般是由弹性元件、减振器和导向机构3部分组成。

（三）悬架的类型

根据悬架结构的不同,通常将悬架分为独立悬架和非独立悬架两大类,如图3.58所示。

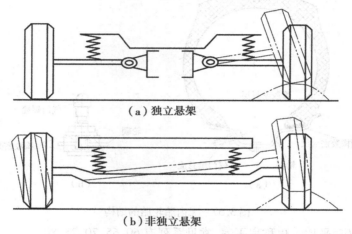

（a）独立悬架

（b）非独立悬架

图3.58　独立悬架与非独立悬架示意图

1.独立悬架

采用独立悬架的车辆两侧车轮各自独立地与车架或车身弹性连接,与非独立悬架相比,它的两侧车轮可相对自由地运动,相互影响的情况较少。其特点是:车轮互不干扰,结构略显复杂。

1）麦弗逊式独立悬架

麦弗逊式独立悬架具有结构紧凑、集成度高的优点。其结构如图3.59所示。因此,它占用的空间更小,这也是为什么它会被广泛应用在前悬架的原因之一。在车身宽度相同的情况下,发动机舱空间可更大,便于布置机械部分,车头吸能区域设计更自由,乘员舱空间表现更好。

麦弗逊式独立悬架的缺点同样显而易见,受制于结构,它横向刚性较差;对车辆俯仰（即常说的点头现象）,以及扭矩转向抑制不足。

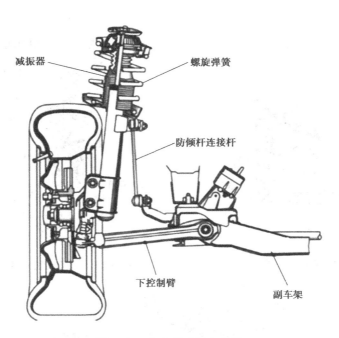

图 3.59　麦弗逊式独立悬架

2)多连杆独立悬架

多连杆独立悬架由连杆、减振器和减振弹簧组成。多连杆式悬挂不仅可保证拥有一定的舒适性,而且因连杆较多,可使车轮和地面尽最大可能保持垂直,尽最大可能减小车身的倾斜。其结构如图 3.60 所示。

3)双叉式独立悬架

它一般是在上下两个控制臂支承装有车轴的转向节,在上下控制臂之间安装减振器。这种悬架可通过自由设定控制臂长度来使汽车具有良好的转弯性、直线行驶性及乘坐舒适性。其结构如图 3.61 所示。

2.非独立悬架

其结构特点是两侧的车轮安装在一根整体式车桥上,若一侧车轮因路面不平跳动时,会影响另一侧车轮位置的变化。这样就影响车身的平稳和高速行驶的稳定性,但这种悬架结构简单,制造方便,故被载重汽车普遍采用。

1)钢板弹簧非独立悬架

采用钢板弹簧作弹性元件,兼起导向装置的作用,并有一定的减振作用,大大简化了悬架的结构。

钢板弹簧结构简单,具有耐久性,可降低高度,使驾驶室与车厢底板平坦,如图 3.62 所示。

2)螺旋弹簧非独立悬架

它一般只作轿车的后悬架,螺旋弹簧的上端装在车架上的特制支座上,而下端则固定在后桥壳的座上,并设置有纵横导向杆件,用以传递驱动力、制动力及其力矩、横向力。悬架中还装有减振器,如图 3.63 所示。

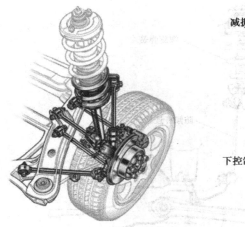

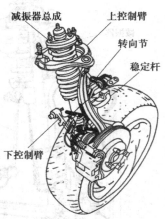

图 3.60 多连杆独立悬架   图 3.61 双叉式独立悬架

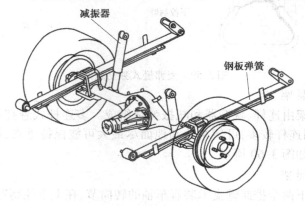

图 3.62 钢板弹簧非独立悬架

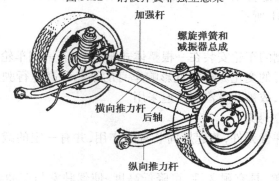

图 3.63 螺旋弹簧非独立悬架

【任务测试】

1.填空题：

（1）汽车行驶系统一般有＿＿＿＿＿＿＿＿、＿＿＿＿＿＿＿＿、车轮-履带式等。

（2）轮式行驶系统一般由_____、_____、_____及_____4个部分组成。

（3）车架是连接在各车桥之间形似桥梁的一种结构,是整个汽车的安装_____。

（4）车桥的功用是_____,传递_____与_____之间的各个方向的作用力及其产生的弯矩和扭矩。

（5）车轮根据轮盘的不同结构,可分为_____和_____两种。

（6）轮胎按其胎体内帘线排列方向的不同,可分为_____轮胎和_____轮胎。

（7）悬架一般都由_____、_____和_____3个部分组成。

2.按图作答。

（1）根据如图3.64所示作答,将正确答案填入括号内。

图3.64　车架

该车架称为(　　　　)车架,这种结构制造工艺(　　　　)。

（2）根据如图3.65所示作答,写出部件名称。

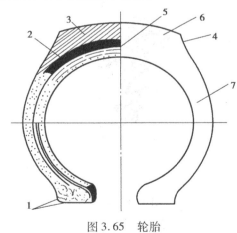

图3.65　轮胎

1(　　　　)　2(　　　　)　3(　　　　)　4(　　　　)

5(　　　　)　6(　　　　)　7(　　　　)

（3）根据如图3.66所示作答,写出部件名称。

（4）根据如图3.67所示作答,写出部件名称。

（5）根据如图3.68所示作答,写出部件名称。

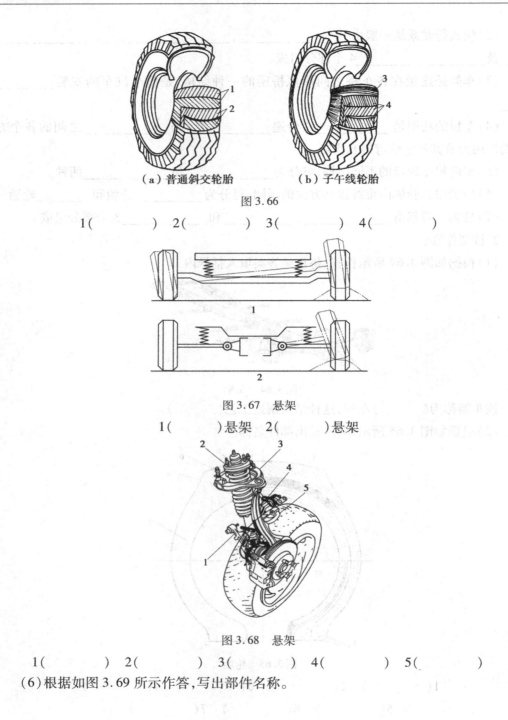

（a）普通斜交轮胎　　　　（b）子午线轮胎

图 3.66

1（　　　　）　2（　　　　）　3（　　　　）　4（　　　　）

图 3.67　悬架

1（　　　　）悬架　2（　　　　）悬架

图 3.68　悬架

1（　　　　）　2（　　　　）　3（　　　　）　4（　　　　）　5（　　　　）

（6）根据如图 3.69 所示作答，写出部件名称。

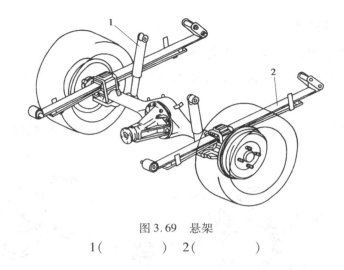

图 3.69 悬架

1( ) 2( )

任务三 识别汽车转向系统

【任务描述】

汽车转向系统是用来保持或者改变汽车行驶方向的机构。在汽车转向行驶时,还要保证各转向轮之间有协调的转角关系。驾驶员通过操纵转向系统,使汽车保持在直线或转弯运动状态,或者使上述两种运动状态互相转换。汽车转向系统对汽车的行驶安全至关重要。

【任务目标】

①识别汽车转向系统的功用和类型。

②识别机械式转向系统的结构。

③识别液压式动力转向系统的结构。

④识别电控式动力转向系统的结构。

【任务内容】

一、汽车转向系统的功用和类型

(一)转向系统的功用

通过驾驶员转动方向盘,改变汽车行驶方向。

（二）转向系统的类型

汽车转向系统按其转向能源的不同，可分为机械式转向系统（见图3.70(a)）、液压式动力转向系统（见图3.70(b)）和电控式动力转向系统（见图3.70(c)）。

（三）组成

转向系统的形式多种多样，大多数转向系统都由转向操纵机构、转向器和转向传动机构三大部分组成。

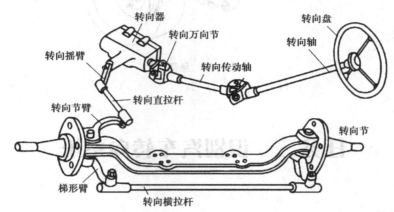

（a）机械式

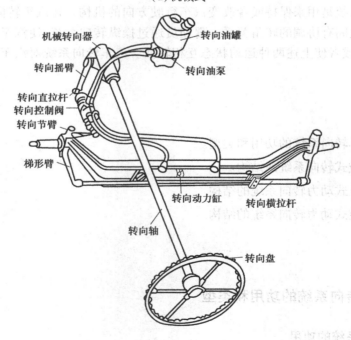

（b）液压式

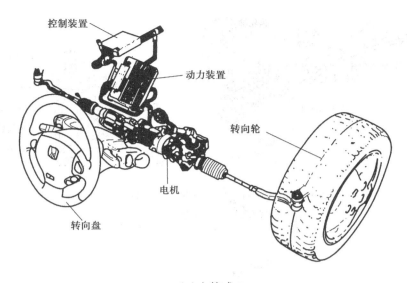

（c）电控式

图 3.70　汽车转向系统

二、机械式转向系统

（一）机械式转向系统的组成

机械式转向系统由转向操纵机构、转向器和转向传动机构 3 个部分组成。

汽车转向时,驾驶员作用于转向盘上的力,经过转向轴(转向柱)传到转向器,转向器将转向力放大后,又通过转向传动机构的传递,推动转向轮偏转,致使汽车行驶方向改变。

汽车的转向是完全由驾驶员所付出的操纵力来实现的,操纵较费力,劳动强度较大,但其具有结构简单、工作可靠、路感性好、维护方便等优点,多应用于中小型货车。

（二）转向器的功用与分类

1.转向器的功用

转向器的功用是增大由转向盘传到转向节的力,并改变力的传递方向,获得所需要的摆动速度和角度。

2.转向器的分类

转向器按结构形式,可分为蜗杆指销式、循环球式和齿轮齿条式 3 种。

按其作用力的传递情况,可分为可逆式、不可逆式和极限式 3 种。

（三）齿轮齿条式转向器

齿轮齿条式转向器主要由转向器壳体、转向齿轮和转向齿条等组成。转向器通过转向器壳体的两端用螺栓固定在车身(车架)上。

齿轮齿条式转向器结构简单,传动效率高,操纵轻便,质量小。由于不需要转向摇臂和转向直拉杆,因此,转向传动机构得以简化,如图 3.71 所示。

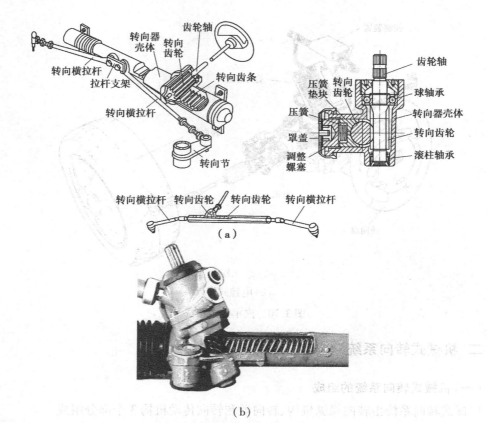

图 3.71 齿轮齿条式转向器

三、液压式动力转向系统

液压式动力转向系统由动力转向装置和转向传动机构两大部分组成。

液压动力转向装置包括转向盘、转向柱、动力转向器、转向油泵、流量控制阀、安全阀、储液罐及油管,如图 3.72 所示。

动力转向器主要由转向螺杆、齿条活塞、齿扇轴、转阀、转向器壳及补偿装置等组成。

四、电控式动力转向系统

(一)电控式动力转向系统的分类

电控式动力转向系统根据电动机安装位置,可分为转向轴助力式、齿条助力式和小齿轮助力式。

(二)电控式动力转向系统的组成

电控式动力转向系统由转向扭矩传感器、车速传感器、电磁离合器、电子控制单元

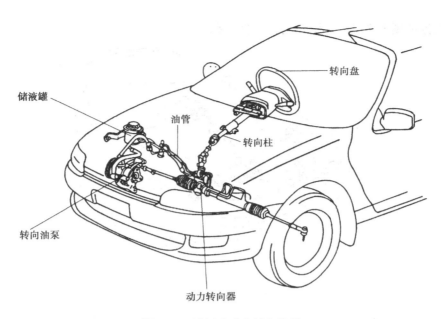

图 3.72 液压式动力转向装置

（ECU）、电动机及减速器等组成，如图 3.73 所示。

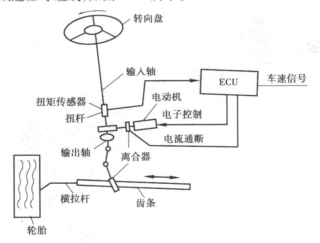

图 3.73 电控式动力转向系统

【任务测试】

1.填空题：

(1)通过驾驶员转动方向盘，根据需要改变汽车_____。

(2)汽车转向系统按其转向能源的不同，可分为_____转向系统、_____
_____动力转向系统和_____动力转向系统。

(3)转向系统的形式多种多样，大多数转向系统都由转向_____、____
_____和转向_____3 个部分组成。

2. 根据如图 3.74 所示作答,写出部件名称。

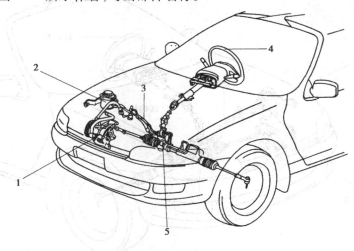

图 3.74 转向系统

1(   ) 2(   ) 3(   ) 4(   ) 5(   )

3. 根据如图 3.75 所示作答,写出部件名称。

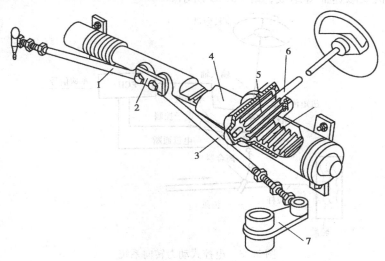

图 3.75 转向器

1(   ) 2(   ) 3(   ) 4(   )
5(   ) 6(   ) 7(   )

任务四　识别汽车制动系统

【任务描述】

汽车制动系统是指为了在技术上保证汽车的安全行驶,提高汽车的平均速度等,而在汽车上专门安装的制动机构。一般来说,汽车制动系统包括行车制动装置和停车制动装置两套独立的装置。其中,行车制动装置是由驾驶员用脚来操纵的,故称脚制动装置;停车制动装置是由驾驶员用手操纵的,故称手制动装置。

【任务目标】

①识别汽车制动系统的功用和基本结构。
②识别制动器的类型及结构。
③识别液压制动系统的基本结构。
④识别气压制动系统的基本结构。
⑤识别驻车制动器的基本结构。
⑥识别防抱死制动系统的基本结构。

【任务内容】

一、汽车制动系统的功用和基本结构

(一)汽车制动系统的功用

汽车制动系统的功用是根据需要使汽车减速或在最短的距离内停车,以确保行车安全,并保障汽车停放可靠而不能自动滑移。

(二)汽车制动系统的类型

汽车制动系统一般至少装有两套各自独立的系统:一套是行车制动装置,主要用于汽车行驶中的减速和停车;另一套是驻车制动装置,主要用于停车防止滑移。有的汽车还装有紧急制动装置和安全制动或辅助制动装置,高级汽车还装有制动力调节装置、报警装置和压力保护装置等。

(三)汽车制动系统的组成

汽车两套制动装置都由制动器和操纵制动器的传动机构两部分组成,如图3.76所示。

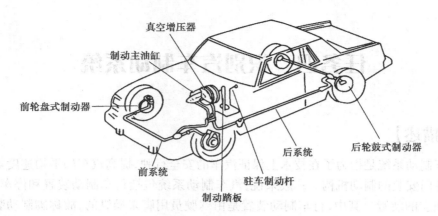

图 3.76　制动系统的组成

二、制动器的类型及结构

车轮制动器有盘式和鼓式两种基本类型。多数车辆的前轮用盘式制动器,许多汽车4个车轮都用盘式制动器,也有前轮用盘式制动器,后轮用鼓式制动器。随着轿车车速的不断提高,近年来采用盘式制动器的轿车日益增多,尤其是中高级轿车。

(一)盘式制动器

盘式制动器是由摩擦衬块从两侧夹紧与车轮共同旋转的制动器后而产生制动效能。制动器的旋转元件是金属盘,称为制动盘。不动的摩擦元件是制动钳或钢制圆盘,如图3.77 所示。

盘式制动器结构有许多类型,常用的有定钳盘式制动器和浮钳盘式制动器。

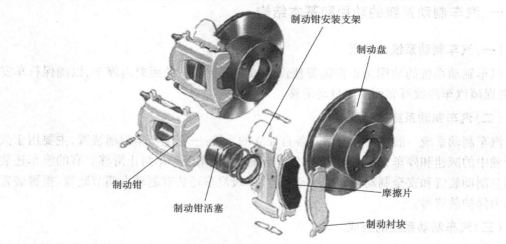

图 3.77　盘式制动器

1.定钳盘式制动器

制动钳体固定在车桥上,制动钳内装有两个活塞,分别位于制动盘两侧,如图 3.78 所示。

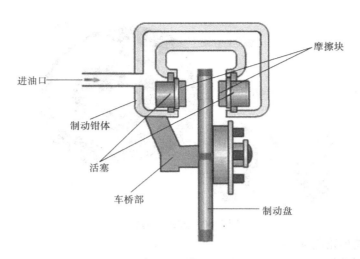

图 3.78　定钳盘式制动器

2.浮钳盘式制动器

制动钳体可相对于制动盘作轴向滑动,制动钳内只在制动盘的内侧装有一个活塞,如图 3.79 所示。

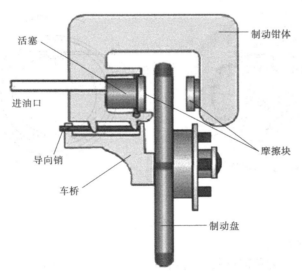

图 3.79　浮钳盘式制动器

(二)鼓式制动器

鼓式制动器也称块式制动器,是靠制动块在制动轮上压紧来实现刹车的。鼓式制动器的主流是内张式,它的制动块(刹车蹄)位于制动轮内侧,在刹车时制动块向外张开,摩擦制动轮的内侧,达到刹车的目的。其结构如图 3.80 所示。

根据制动时两制动蹄对制动鼓径向力的平衡状况,鼓式车轮制动器又分为非平衡式、平衡式(单向助势、双向助势)和自动增力式 3 种。

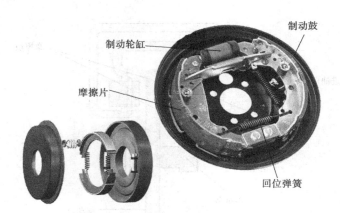

图 3.80　鼓式制动器

1.非平衡式车轮制动器

非平衡式制动器的结构特点是两制动蹄的支承点都位于蹄的一端,两支承点与张开力作用点的布置都是轴对称式,轮缸中两活塞的直径相等。

制动时,一制动蹄为"助势蹄",另一蹄为"减势蹄",使两蹄对制动鼓施加的法向力不相等,二者差值使轮毂轴承受附加载荷,但其制动效能对称。其结构如图 3.81 所示。

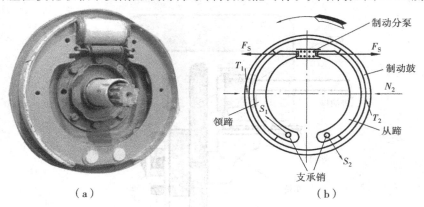

图 3.81　非平衡式车轮制动器

2.平衡式车轮制动器

平衡式制动器又分为单向助势平衡式和双向助势平衡式两种。

1)单向助势平衡式制动器

单向助势平衡式制动器的结构如图 3.82 所示。其结构特点是:两制动蹄各用一个单向活塞制动轮缸,且前后制动蹄与其轮缸、调整凸轮等零件在制动底板上的布置是中心对称的,两轮缸用油管连接。

2)双向助势平衡式制动器

双向助势平衡式制动器的结构如图 3.83 所示。其结构特点是:制动蹄、制动轮缸、复位弹簧均为成对的对称布置,两制动蹄的两端采用浮式支承,且支点在径向位置浮动,用复位弹簧拉紧。

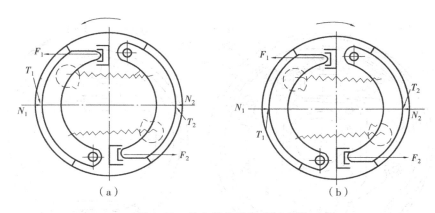

图 3.82　单向助势平衡式制动器

3．自动增力式制动器

自动增力式制动器的增力原理是将两蹄用推杆浮动铰接,利用传力机件的张开力使两蹄产生助势作用。

1）单向自增力式制动器

单向自增力式制动器的结构如图 3.84 所示。其结构特点是:只采用一个单活塞轮缸,两制动蹄上端贴靠在一支承销上,下端分别浮支在浮动的顶杆两端。

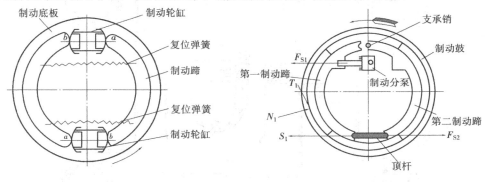

图 3.83　双向助势平衡式制动器　　　　图 3.84　单向自增力式制动器

2）双向自增力式制动器

双向自增力式制动器的结构如图 3.85 所示。其结构特点是:采用一个双活塞轮缸,两制动蹄上端贴靠在一支承销上,下端分别浮支在浮动的顶杆两端。

三、液压制动系统的基本结构

液压制动传动装置是利用特制油液作为传力介质,将制动踏板力转换为油液压力,并通过管路传至车轮制动器,再将油液压力转变为制动蹄张开的推力,即产生制动作用。

液压制动传动装置的特点是:制动柔和灵敏,结构简单,维护方便,不消耗发动机功率。但操纵较费力,制动力不太大,制动液受温度变化而降低其制动效能,液压制动传动装置已广泛应用于轿车和重型汽车。其结构如图 3.86 所示。

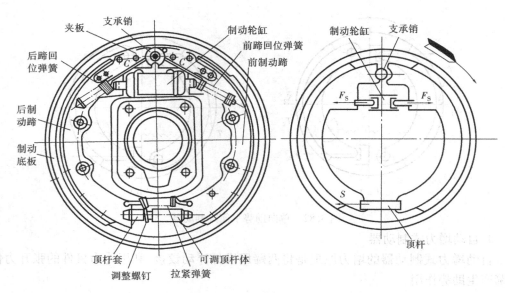

图 3.85　双向自增力式制动器

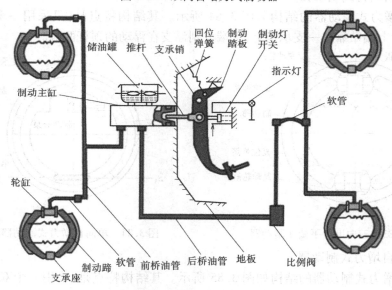

图 3.86　液压制动系统的基本结构

四、气压制动系统的基本结构

气压制动传动装置是用压缩空气作力源的动力,使车轮产生制动,驾驶员只需按不同的制动强度要求,控制踏板的行程,释放出不同数量的压缩空气,便可控制制动气压的大小来获得所需要的制动力。

气压制动装置的特点是:踏板行程较短,操作比较轻便,制动力较大,消耗发动机的动力,装置结构较为复杂,制动时不如液压制动柔和平稳。目前,气压制动应用于中重型汽车。其结构如图 3.87 所示。

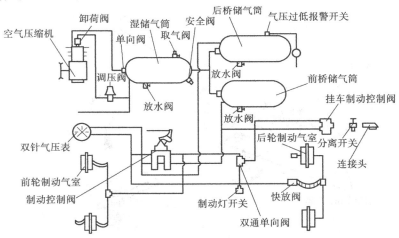

图 3.87 气压制动系统的基本结构

五、驻车制动器的基本结构

驻车制动器又称手制动器,其功用是使汽车停放可靠,便于在坡路上起步,并可在行车制动器失效后应急制动或配合行车制动器进行紧急制动。

驻车制动器按其安装位置,可分为中央制动式和车轮制动式两种。以凸轮张开鼓式中央制动器为例,其结构如图 3.88 所示。

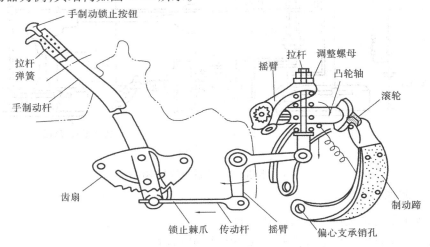

图 3.88 凸轮张开鼓式中央制动器

六、防抱死制动系统(ABS)的基本结构

(一)防抱死制动系统的组成

防抱死制动系统主要由车轮速度传感器、电控单元、液压调节器、继电器、制动主缸及

制动轮缸等组成,如图 3.89 所示。

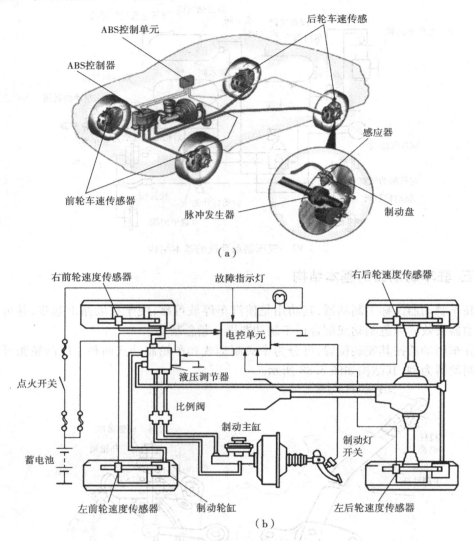

（a）

（b）

图 3.89 防抱死制动系统的基本结构

（二）主要部件

1.防抱死制动系统执行器及控制单元

防抱死制动系统执行器及控制单元如图 3.90 所示。

2.车轮速度传感器

车轮速度传感器的结构如图 3.91 所示。如图 3.91（a）所示为盘式车轮制动器上使用的车轮速度传感器,如图 3.91（b）所示为鼓式车轮制动上使用的车轮速度传感器。

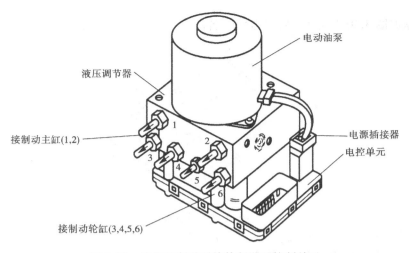

图 3.90　防抱死制动系统执行器及控制单元

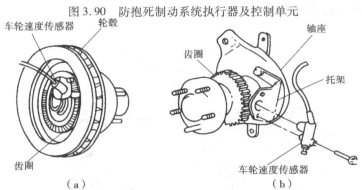

（a）　　　　　　　　　　　　（b）

图 3.91　车轮速度传感器

【任务测试】

1. 根据如图 3.92 所示作答, 写出部件名称。

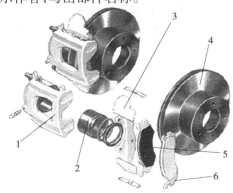

图 3.92　制动器

1(　　　　)　2(　　　　)　3(　　　　)

4(　　　　)　5(　　　　)　6(　　　　)

2.根据如图 3.93 所示作答,写出部件名称。

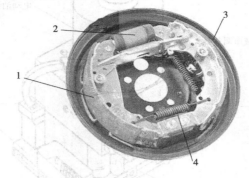

图 3.93　制动器

1(　　　　) 2(　　　　) 3(　　　　) 4(　　　　)

3.根据如图 3.94 所示作答,写出部件名称。

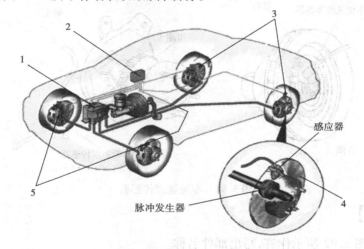

感应器

脉冲发生器

图 3.94　防抱死制动系统

1(　　　) 2(　　　) 3(　　　) 4(　　　) 5(　　　)

【项目学习鉴定】

通过本项目的学习,应能通过学习鉴定,具备所要求的能力。

项目学习鉴定表

序号	鉴定内容	鉴定结果	
		合格	不合格
1	结合项目,完成相关学习的内容		
2	正确识别汽车传动系统的功用、类型及构造		
3	正确识别汽车行驶系统的功用、类型及构造		
4	正确识别汽车转向系统的组成、类型及结构		
5	正确识别汽车制动系统的组成、类型及结构		
6	能有效收集学习资料,拓展学习		
7	能团队合作学习,正确交流		

上述所有表格内容必须是合格。如果不合格,应咨询教师是否需要增加学习活动,以达到学习要求。

教师签字_____

学生签字_____

完成日期_____

项目四　识别汽车电气设备

【项目描述】

　　汽车电气设备包括能满足车辆运行的基本设备，以及为了提高车辆安全性、舒适性而增加的一些电子控制系统，如电源系统、起动系统、点火系统、照明信号与警告系统、仪表系统和其他辅助电器等。

【项目目标】

　　①能识别汽车空调的分类与组成。
　　②能识别汽车自动空调的特点与工作方式。
　　③能识别汽车灯光系统的分类与特点。
　　④能识别汽车声响信号系统的特点。

任务一　识别汽车空调

【任务描述】

　　汽车空调用于把汽车车厢内的温度、湿度、空气清洁度及空气流动调整和控制在最佳状态，为乘客提供舒适的乘坐环境，减少旅途疲劳，为驾驶员创造良好的驾驶条件，确保行车安全。

【任务目标】

　　①正确识别汽车空调的类型。
　　②正确识别汽车空调的结构布置。
　　③正确识别汽车空调的组成及功用。

【任务内容】

一、汽车空调的功用

根据驾驶员和乘客的需要,调节汽车车厢内空气的温度、相对湿度、清洁度、气流速度和方向等,从而使汽车车厢内的空气处于较理想的状态,让驾驶员和乘客感到舒服。

二、汽车空调的分类

(一)按功能分类

汽车空调分为单一功能和组合式功能两种。

1. 单一功能

单一功能是指冷风、暖风各自独立自成系统,一般用于大中型客车。

2. 组合式功能

组合式功能是指冷风、暖风合用一个鼓风机、一套操纵机构,多用于轿车。

(二)按驱动方式分类

汽车空调分为非独立式汽车空调和独立式汽车空调两种。

1. 非独立式汽车空调

①空调制冷压缩机由汽车本身的发动机驱动。

②汽车空调的制冷性能受汽车发动机工况影响较大。

③一般用于中小型轿车。

2. 独立式汽车空调

①空调制冷压缩机由专用的空调发动机驱动。

②汽车空调的制冷性能不受汽车发动机工况的影响。

③多用于大中型豪华客车。

三、汽车空调的结构

汽车空调一般采用以 R134a(早期采用氟利昂 R12)为制冷剂的蒸气压缩式封闭循环系统。它主要由压缩机、冷凝器、集液器、节流孔管及蒸发器等组成的循环部分,以及电控部分等组成。循环部分各部件由耐压金属管路或橡胶软管依次连接而成。其原理图如图4.1(a)所示,实物图如图 4.1(b)所示。

四、汽车空调的工作原理

(一)汽车空调的功用

汽车空调包括制冷系统、采暖装置和通风换气装置 3 个部分。

①制冷系统主要用于夏季车内空气的降温与除湿。

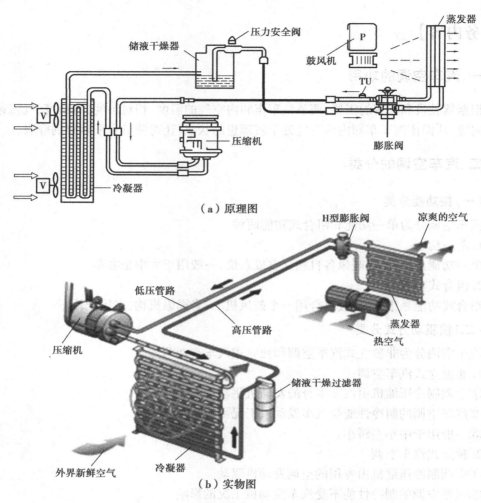

（a）原理图

（b）实物图

图4.1 汽车空调结构

②采暖装置主要用于冬季车内的供暖。

③通风装置主要对车内进行强制性换气,保证车内空气清洁和对流。

（二）汽车空调的工作原理

制冷系统是利用制冷剂由液态转化为气态需要吸收热量和由气态转化为液态对外放出热量的原理来降低车厢内的温度的,如图4.2所示。

①用户按操作程序起动汽车空调系统后,压缩机在发动机带动下开始工作,驱使制冷剂（R134a,一种环保型制冷剂,不会破坏臭氧层,无毒性、无刺激、不燃烧、无腐蚀性）在密封的空调系统中循环流动,压缩机将气态制冷剂压缩成高温高压的制冷剂气体后排出压缩机。

②高温高压制冷剂气体经管路流入冷凝器后,在冷凝器内散热、降温,冷凝成高温高压的液态制冷剂流出。

③高温高压液态制冷剂经管路进入干燥储液器内,经过干燥、过滤后流进膨胀阀。

④高温高压液态制冷剂经膨胀阀节流,状态发生急剧变化,变成低温低压的液态制冷剂。

⑤低温低压液态制冷剂立即进入蒸发器内,在蒸发器内吸收流经蒸发器的空气热量,使空气温度降低,吹出冷风,产生制冷效果,制冷剂本身因吸收了热量而蒸发成低温低压的气态制冷剂。

⑥低温低压的气态制冷剂经管路被压缩机吸入,进行压缩,进入下一个循环,只要压缩机连续工作,制冷剂就在空调系统中连续循环,产生制冷效果;压缩机停止工作,空调系统内制冷剂随之停止流动,不产生制冷效果。

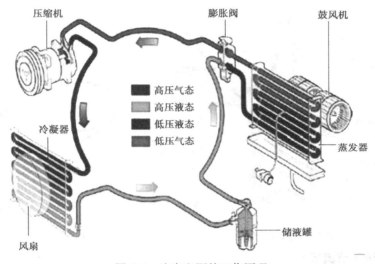

图4.2 汽车空调的工作原理

五、汽车空调各部件的特点

(一)压缩机

压缩机的功用是维持制冷剂在制冷系统中的循环,吸入来自蒸发器的低温、低压制冷剂蒸气,压缩制冷剂蒸气使其压力和温度升高,并将制冷剂蒸气送往冷凝器,如图4.3所示。

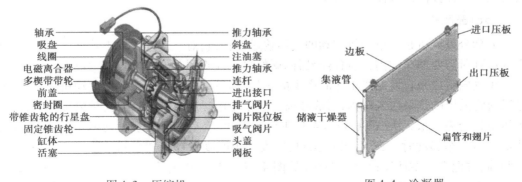

图4.3 压缩机   图4.4 冷凝器

（二）冷凝器

冷凝器是一种由铜管与散热片组合起来的热交换器。其功用是将压缩机排出的高温、高压制冷剂蒸气进行冷却,使其凝结为高压制冷剂液体,如图4.4所示。

（三）储液干燥器

如图4.5所示,储液干燥器临时储存从冷凝器流出的液态制冷剂,以便制冷负荷变动和系统中有微漏时,能及时补充和调整供给热力膨胀阀的液态制冷剂量,还可滤除制冷剂中的杂质,吸收制冷剂中的水分,以防止制冷系统管路脏堵或冰塞,保护设备部件不受侵蚀。

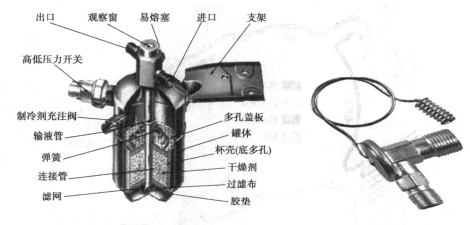

图4.5　储液干燥器　　　　　　　　图4.6　膨胀阀(节流阀)

（四）膨胀阀（节流阀）

如图4.6所示,安装在蒸发器入口处,把来自储液干燥器的高压液态制冷剂节流减压,调节和控制进入蒸发器中的液态制冷剂量,使之适应制冷负荷的变化,同时可防止压缩机发生液击现象和蒸发器出口蒸气异常过热。

（五）蒸发器（冷却器）

将进入蒸发器排管内的低温、低压液态制冷剂,通过管壁吸收穿过蒸发器传热表面空气的热量,使之降温,如图4.7所示。

（六）鼓风机

大部分鼓风机是靠电动机带动的气体输送设备,它对空气进行较小的增压,以便将冷空气送到所需要的车厢内,或将冷凝器四周的热空气吹到车外,如图4.8所示。

车辆内暖风来自发动机工作时产生的热量:当发动机的冷却系统给发动机散热后,通过风扇将散出的热量送入车内,形成暖风。在不使用暖风时,风扇停转,热风口关闭,散出的热量就会完全散入大气中,如图4.9所示。因此,汽车暖风属于废物再利用,不会耗费油量。当汽车起动时,发动机开始预热,等发动机温度指针指到中间位置后,先打开暖风空调,同时把空气循环设置为外循环(见图4.10),让车内的冷空气排出车外,等待2~3 min后,再将空气循环设置为内循环即可。如遇雨雪天气,车内外温度相差较大时,前挡风玻璃很容易出现雾气。这时,只需将暖风的出风方向调整到吹前挡风玻璃的挡位,几分钟就可以去除雾气。

图4.7 蒸发器(冷却器)

图4.8 鼓风机

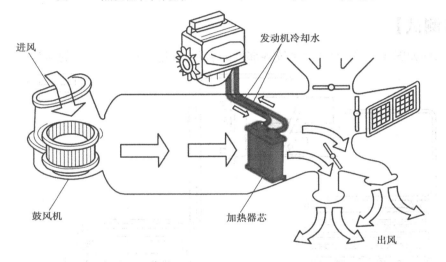

图4.9 暖风机的工作原理

图4.10 暖风机的操作按钮

(七)汽车空调的暖风装置

汽车空调的暖风装置也称暖风空调,将新鲜空气送入热交换器,吸收某种热源的热量,从而提高空气的温度,并将热空气送入车内的装置,如图4.11所示。

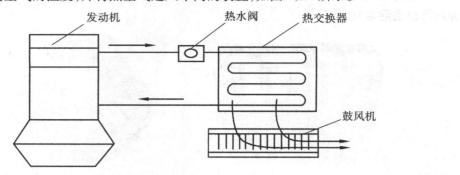

图4.11 汽车空调的暖风装置

【任务测试】

1. 识别如图4.12所示制冷系统各部件的名称,并把名称填在相应的括号中。

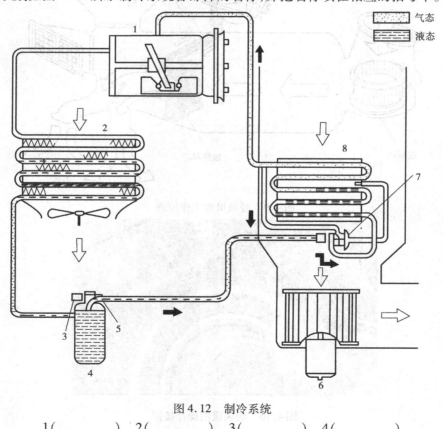

图4.12 制冷系统

1( ) 2( ) 3( ) 4( )
5( ) 6( ) 7( ) 8( )

2. 简答题：

（1）简述汽车空调的功用及分类。

（2）简述汽车空调的组成。

任务二 识别汽车自动空调

【任务描述】

随着电子技术的发展，现代汽车空调已经由计算机控制。汽车自动空调系统不仅可对车内空气的温度、湿度、清洁度、风量及风向等进行自动调节，给乘客提供一个良好的乘车环境，保证在各种外界气候和条件下使乘客都处于舒适的空气环境中，而且还能进行故障检测。

【任务目标】

①识别汽车自动空调的组成及部件安装位置。
②了解汽车自动空调的工作过程。

【任务内容】

一、汽车自动空调的定义

汽车自动空调是指当驾驶员设定汽车内的温度后，能根据汽车内外条件的变化，自动进行变换制冷或供暖状态。不论环境温度如何变化，按下面板"AUTO"按钮，空调系统会自动使车内的温度达到并维持在由空调面板温度设定按钮设定的温度，如图 4.13 所示。在自动空调中，通过对传感器信号和预调信号的处理、计算和比较，输出不同的电信号指挥控制机构工作，使温度风门的位置不断改变以调节车内空气温度，并使风机的转速随着空调参数的改变而改变。

二、汽车自动空调的功能

①空调控制。温度自动控制、风量控制、运转方式给定的自动控制及换气量控制。
②节能控制。压缩机运转控制、换气量的最适量控制，以及随温度变化的换气切换、

图 4.13 控制面板

自动转入经济运行、根据车内外温度自动切断压缩机电源。

③故障、安全报警。制冷剂不足报警、制冷压力高出或低出报警、离合器打滑报警及各种控制器的故障判断报警。

④故障诊断存储。将故障部位用代码的形式存储。

⑤显示。给定温度、控制温度、控制方式及运转方式的状态。

三、汽车自动空调的组成

汽车自动空调控制系统由传感器、控制器和执行调节机构组成,如图 4.14 所示。

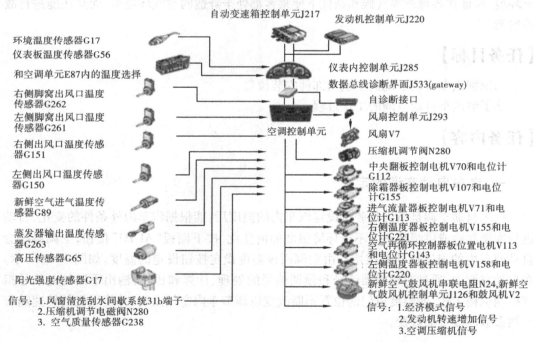

图 4.14 汽车自动空调控制系统

(一)传感器

传感器又称敏感元件、变送器,需要进行调节的参数称为被调参数。传感器是感受被调参数的大小,并及时发出信号给调节器。如敏感元件发出的信号与调节器所要求的信号不符时,则需要利用变送器将敏感元件发出的信号转换成调节器所要求的标准信号。因此,传感器的输入是被调参数,输出的是检测信号。传感器种类很多,按控制参数,可分为温度传感器,相对湿度传感器,压力和压差传感器,以及焓值、含湿量变送器等。其安装位置如图4.15所示,各种传感器的外观如图4.16所示。

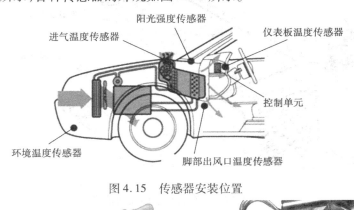

图4.15　传感器安装位置

（a）水温传感器　　　　　　　　　　　（b）车内温度传感器

（c）阳光强度传感器　　　　　　　　　（d）车外温度传感器

图4.16　各种传感器的外观

(二)控制系统

汽车自动空调控制系统如图4.17所示。

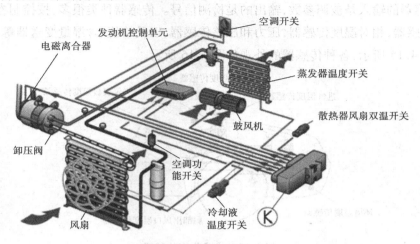

图4.17 汽车自动空调控制系统

四、汽车自动空调的工作原理

汽车自动空调的基本工作原理是:把温度设定开关发出的设定温度信号以及车内温度传感器(一般安放在能感受到车内平均温度的地方)、日照传感器(放在仪表板前能感受到太阳辐射的地方)、车外温度传感器(一般放在新风进口等能感受车外气温的地方)、水温传感器、蒸发器出口温度传感器等发出的各种信号输入计算机,决定调节风门开度、风量转换、吸风口与出风口转换、水阀开关、压缩机状态转换等动作,从而实现对车内温度的自动控制。自动空调系统的最大优点是:车内温度调节不是完全在车内循环进行,而是能根据各传感器的信号自动控制风门的开度,实现车内外空气的交换,保证车内空气的清洁。

【任务测试】

1. 识别如图4.18所示汽车自动空调各部件的安装位置,并把名称填在相应的括号中。

2. 列举汽车自动空调传感器的名称,并说明传感器的安装位置。

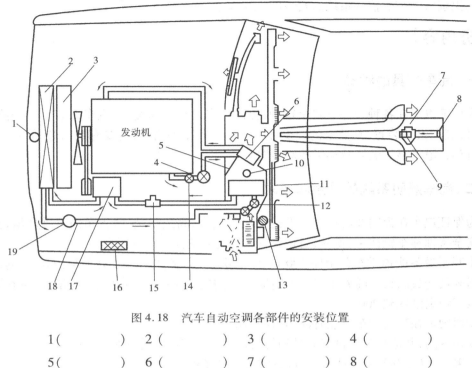

图 4.18　汽车自动空调各部件的安装位置

1 (　　　　) 2 (　　　　) 3 (　　　　) 4 (　　　　)

5 (　　　　) 6 (　　　　) 7 (　　　　) 8 (　　　　)

9 (　　　　) 10(　　　　) 11(　　　　) 12(　　　　)

13(　　　　) 14(　　　　) 15 (　　　　) 16(　　　　)

17(　　　　) 18(　　　　) 19(　　　　)

任务三　识别汽车照明、声响信号系统

【任务描述】

　　汽车照明系统是汽车安全行驶的必备系统之一。它主要包括外部照明灯具、内部照明灯具、外部信号灯具及内部信号灯具等。

【任务目标】

　　①识别汽车外部灯具的安装位置及特点。
　　②识别汽车内部灯具的安装位置及特点。
　　③识别汽车外部信号灯具的安装位置及特点。
　　④识别汽车内部信号灯具的安装位置及特点。

⑤识别汽车声响信号系统的安装位置及特点。

【任务内容】

一、汽车灯具的种类

为保证汽车在各种条件下安全行驶,提高汽车的行驶速度,在汽车上装有各种照明、信号、仪表和报警装置,其数量的多少和配置形式因车型而异,主要有照明灯、信号灯、报警灯、仪表、电子显示装置及操纵控制装置等。

二、汽车照明系统的功用和要求

为保证汽车在夜间及能见度较低的情况下安全、高速行驶,改善车内驾乘环境,便于交通安全管理和车辆使用、检修,对现代汽车照明系统提出以下要求:

①照明设备能提供车前道路100 m以上明亮均匀的照明。在会车时,不应对迎面来车的驾驶员造成眩目。随着车速的不断提高,要求道路照明的距离也相应增加,现在有些车的照明距离已达到200 m。

②驾驶员在夜间倒车时能看清车后的情况。

③在夜间,其他行驶车辆驾驶员和行人在一定距离内能看清车辆的牌号。

④采用特殊照明,提高能见度,改善雾天行车条件。

⑤车内要有足够的照明装置,当车内光线强度不够时,可增强车内光线强度,既便于驾驶员操纵车辆、观察仪表等,又满足乘客阅读等要求。

⑥车厢和发动机罩下面应有照明装置,便于车辆使用和检修。

三、汽车照明系统的组成

汽车照明系统由照明设备、电源和线路(包括控制开关)组成。

(一)汽车照明系统

汽车照明系统外部灯具如图4.19所示。

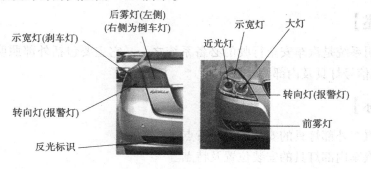

图4.19 汽车外部灯具

1. 前照灯

前照灯也称大灯或头灯,主要用于夜间行车时道路照明,灯光为白色,如图 4.20 所示。它包括远光灯和近光灯两种。远光灯用于保证车前道路 100 m 以上明亮均匀的照明,功率一般为 50~60 W;近光灯在会车时和市区内使用,避免迎面来车驾驶员眩目,又保证车前 50 m 内的路面照明,功率一般为 30~55 W。它有两灯制和四灯制两种配置方法。

图 4.20　前照灯总成

2. 雾灯

雾灯一般在有雾、下雪、暴雨或尘埃等恶劣条件下使用,用来改善道路的照明情况,安装在车头和车尾。装于车头的雾灯称为前雾灯,安装在车尾的雾灯称为后雾灯。由于黄色光波较长,穿透性好,因此,雾灯一般使用黄色光源,如图 4.21 所示。

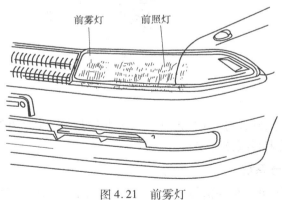

图 4.21　前雾灯

3. 后组合灯

现代轿车后面灯光一般采用后组合灯,主要包括后尾灯、制动灯、倒车灯及转向灯等,如图 4.22 所示。

4. 牌照灯

牌照灯用以照明汽车后牌照,灯光一般为白色。它由灯光总开关控制,灯光总开关接通,牌照灯就亮。牌照灯的组成如图 4.23 所示。

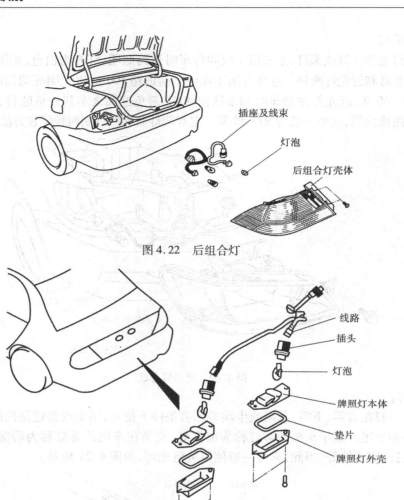

图 4.22　后组合灯

图 4.23　牌照灯

5. 车内照明灯

车内照明包括顶灯、阅读灯、行李箱灯及仪表照明灯等,以方便驾驶员观察汽车和发动机的工作状况,满足乘客阅读等要求。

(二)汽车灯光信号系统

汽车灯光信号系统包括车外信号灯和车内信号灯两类。其功用是保证车辆的行驶安全或警告行人和其他车辆注意。

1. 转向灯和应急灯

安装在汽车 4 个角或翼子板上,转向灯和应急灯为同一灯泡。转向灯在转向时使用,告诉其他车辆该车要转弯;应急灯为所有转向灯同时亮,给其他车辆以警告,表明该车有特殊情况,应引起注意。应急灯又称危险报警灯,由前、后、左、右危险警告信号灯同时闪烁表示车辆有紧急情况需要处理。危险警告信号灯与转向信号灯采用同一套灯具,闪烁频率要求与转向信号相同,如图4.24所示。

2.倒车灯

在汽车后部,当挂上倒挡倒车时点亮,照明汽车后部或给车后人员以警示。其外壳一般是白色,安装在后组合灯里,如图4.25所示。

图4.24　转向灯　　　　　　　　　　　图4.25　倒车灯

3.示宽灯

示宽灯是指标志汽车宽度和高度方向轮廓的信号灯,分别称为示宽灯和示高灯。示宽灯包括装在车前部的小灯、车后部的尾灯,它们装在汽车前后两侧的边缘,在汽车夜间行驶时,以示汽车的宽度。示宽灯开关及示宽灯安装位置如图4.26和图4.27所示。

图4.26　示宽灯开关　　　　　　　　　图4.27　示宽灯

4.制动信号灯

制动信号灯简称制动灯,装在汽车尾部两侧,在汽车制动时,发出较强的红光,以示汽车紧急减速,提醒后面的车辆和行人注意。两个制动灯的安装位置应与汽车的纵轴线对称并在同一高度,制动灯的红色信号应保证夜间100 m以外能够看清。制动灯由安装在制动踏板下面或制动总泵(阀)上的制动开关控制。因采用双管路制动,故有的车辆有两个相互并联的制动开关分别装在制动总泵(阀)上,如图4.28所示。

(三)汽车灯泡的种类

汽车前照灯用灯泡的额定电压有12 V和24 V两种。目前,汽车前照灯所用的灯泡有普通灯泡(白炽灯泡)和卤素灯泡。两种灯泡的灯丝均采用熔点高发光强的钨制成。

图 4.28　制动信号灯

灯泡的灯丝由功率大的远光灯丝和功率较小的近光灯丝组成,由钨丝制成螺旋状,以缩小灯丝的尺寸,有利于光束的聚合。

为了保证安装时使远光灯丝位于反射镜的焦点上,使近光灯丝位于焦点的上方,故将灯泡的插头制成插片式。插头的凸缘上有半圆形开口,与灯头上的半圆形凸起配合定位。3 个插片插入灯头距离不等的 3 个插孔中,保证其可靠连接。这种插片式灯泡的优点是结构简单,拆装方便,接触性能可靠,并能与全封闭式前照灯通用。因此,国内生产的前照灯灯泡多采用这种结构,如图 4.29 所示。

1. 普通灯泡

前照灯的灯泡是充气灯泡,是把玻璃泡内的空气抽出后,再充满惰性混合气体。一般充入的惰性气体为 96% 的氩气和 4% 的氮气。充入灯泡的惰性气体可在灯丝受热时膨胀,增大压力,减少钨的蒸发,提高灯丝的温度和发光效率,节省电能,延长灯泡的使用寿命。虽然充气灯泡的周围抽成真空并充满了惰性气体,但灯丝的钨质点仍要蒸发,使灯丝损耗。蒸发出来的钨沉积在灯泡上,使灯泡发黑,如图 4.29(a)所示。

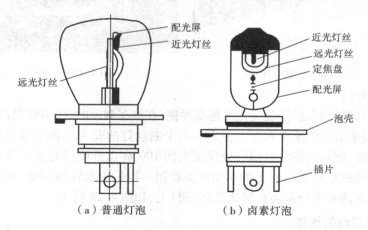

（a）普通灯泡　　　　（b）卤素灯泡

图 4.29　前照灯灯泡

2. 卤素灯泡

近年来,国内外已使用了一种新型的卤钨灯泡(即在灯泡内充入的惰性气体中渗入某种卤族元素),称为卤素灯泡,如图4.29(b)所示。

卤素灯泡是在惰性气体中加入了一定量的卤族元素。卤族元素是指碘、溴、氯、氟等元素。现在灯泡使用的卤族元素一般为碘或溴,称为碘钨灯泡或溴钨灯泡。

卤钨灯泡是利用卤钨再生循环反应的原理制成的。卤钨再生循环的基本作用过程是:从灯丝蒸发出来的气态钨与卤族反应生成了一种挥发性的卤化钨,它扩散到灯丝附近的高温区又受热分解,使钨重新回到灯丝上,被释放出来的卤素继续扩散参与下一次循环反应,如此周而复始地循环下去,从而防止了钨的蒸发和灯泡的发黑现象。卤钨灯泡尺寸小,泡壳用耐高温、机械强度较高的石英玻璃制成,因此,充入惰性气体的压力较高。因工作温度高,灯内的工作气压将比其他灯泡高得多,故钨的蒸发也受到更为有力的抑制,使用寿命长。汽车照明用的前照灯、雾灯和信号灯等早已广泛使用卤钨灯泡,如图4.30所示。

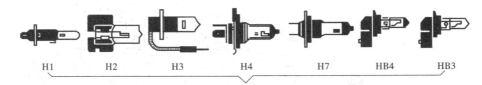

图4.30　卤素灯泡

3. 氙气灯

氙气灯是一种含有氙气的新型大灯,又称高强度放电式气体灯,英文简称 HID(Intensity Discharge Lamp)。氙气灯打破了爱迪生发明的钨丝发光原理,在石英灯管内填充高压惰性气体——Xenon 氙气,取代传统的灯丝,在两段电极上有水银和碳素化合物,透过安定器以23 000 V高压电流刺激氙气发光,在两极间形成完美的白色电弧,发出的光接近非常完美的太阳光,如图4.31所示。

图4.31　氙气灯

四、汽车声响信号系统

声响信号主要是喇叭。其功用是保证车辆的行驶安全或警告行人和其他车辆注意。汽车喇叭分电喇叭和气喇叭两种。电喇叭通过电磁线圈不断地通电和断电,使金属膜片产生振动而产生音响,声音悦耳。电喇叭外形多呈螺旋形和盆形,广泛应用于各种汽车,轻型乘用车都用电喇叭,如图4.32所示。

（a）盆形喇叭 　　　　　　　（b）蜗牛喇叭

图4.32　汽车喇叭

【任务测试】

1. 识别如图4.33所示汽车前照灯各部件的安装位置,并把名称填在相应的括号中。

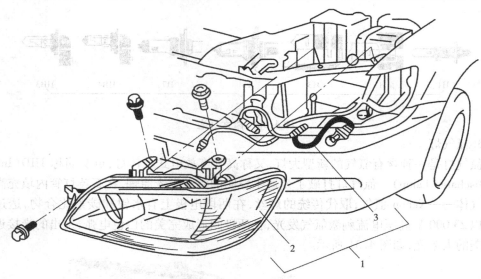

图4.33　汽车前照灯

1（　　　　　）2（　　　　　）3（　　　　　）

2. 简答题:

（1）说出汽车外部灯具的安装位置及要求。

（2）试比较普通灯泡、卤素灯泡和氙气灯的优缺点。

【项目学习鉴定】

通过本项目的学习,应能通过学习鉴定,具备所要求的能力。

项目学习鉴定表

序号	鉴定内容	鉴定结果	
		合格	不合格
1	结合项目,完成相关学习内容		
2	正确识别汽车空调的类型		
3	正确识别汽车空调的结构布置		
4	正确识别汽车空调的组成及功用		
5	正确识别汽车空调的组成及部件安装位置		
6	正确讲解汽车空调的工作过程		
7	正确识别汽车外部灯具的安装位置及特点		
8	正确识别汽车内部灯具的安装位置及特点		
9	正确识别汽车外部信号灯具的安装位置及特点		
10	正确识别汽车内部信号灯具的安装位置及特点		
11	正确识别汽车声响信号系统的安装位置及特点		

上述所有表格内容必须合格。如果不合格,应咨询教师是否需要增加学习活动,以达到学习要求。

教师签字＿＿＿＿＿＿＿＿＿＿＿＿＿＿＿＿＿

学生签字＿＿＿＿＿＿＿＿＿＿＿＿＿＿＿＿＿

完成日期＿＿＿＿＿＿＿＿＿＿＿＿＿＿＿＿＿

项目五 识别车身及附件

【项目描述】

车身包括车窗、车门、驾驶舱、乘客舱、发动机舱及行李舱等。车身附件大致包括照明装置、喇叭、风窗玻璃、风窗刮水器、除霜装置及空气调节装置等。车身造型结构是车辆的形体语言,其设计的好坏将直接影响车辆的性能。车身附件决定乘坐的舒适性和操作的便捷性。

【项目目标】

①能识别汽车车身的类型。
②能识别轿车车身的结构组成及特点。
③能识别轿车内部装饰的结构及特点。

任务一 识别汽车车身

【任务描述】

汽车车身是载运乘客或货物的活动建筑物,既是乘客的遮蔽外壳,又是货物的承载装置。

【任务目标】

①识别汽车车身的类型。
②识别汽车车身的结构及特点。

【任务内容】

一、汽车车身的类型

汽车车身是指车辆用来载人装货的部分,也指车辆整体。有的车辆的车身既是驾驶员的工作场所,又是容纳乘客和货物的场所,如图5.1所示。按汽车车身的承载方式,可分为承载式、非承载式和半承载式3种;按车身的造型,可分为厢型、鱼型、船型、流线型及楔型等;按车身结构形式,可分为单厢、两厢和三厢等。

图5.1 汽车车身

(一)按承载方式分类

1.承载式车身

承载式车身的汽车没有刚性车架,只是加强了车头、侧围、车尾及底板等部位,车身和底架共同组成了车身本体的刚性空间结构,如图5.2所示。这种承载式车身除了其固有的乘载功能外,还要直接承受各种负荷。

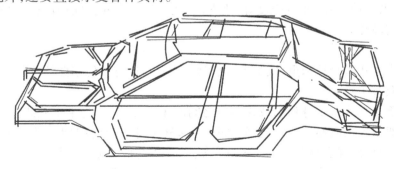

图5.2 承载式车身

1)优点

这种形式的车身具有较大的抗弯曲和抗扭转的刚度,质量小,高度低,汽车质心低,装配简单,高速行驶稳定性较好。

2)缺点

由于道路负载会通过悬架装置直接传给车身本体,因此,噪声和振动较大。

2. 非承载式车身

非承载式车身的汽车有刚性车架,又称底盘大梁架,如图 5.3 所示。车身本体悬置于车架上,用弹性元件联接。

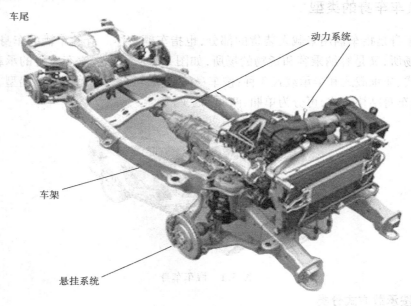

图 5.3　非承载式车身

1)优点

车架的振动通过弹性元件传到车身上,大部分振动被减弱或消除,发生碰撞时车架能吸收大部分冲击力,在坏路行驶时对车身起到保护作用。因此,车厢变形小,平稳性和安全性好,而且厢内噪声小;车身强度好,刚性高,能提高汽车安全性;有较强的相对抗冲击力和抗颠簸的性能。

2)缺点

这种非承载式车身较笨重,质量大,汽车质心高,高速行驶稳定性较差。

3. 半承载式车身

一种介于非承载式车身和承载式车身之间的车身结构,称为半承载式车身。它的车身本体与底架用焊接或螺栓刚性连接,加强了部分车身底架而起到一部分车架的作用。例如,发动机和悬架都安装在加固的车身底架上,车身与底架成为一体共同承受载荷。这种形式实质上是一种无车架的承载式车身结构,如图 5.4 所示。半承载式车身一般用于大客车。

(二)按车身造型分类

1. 厢型

厢型车是一种用于载货和多人运输的汽车,在亚洲也称面包车、小型客货车。通常有四轮和方厢型车体,宽高都明显大于一般车,如图 5.5 所示。

图 5.4　半承载式车身

图 5.5　厢型

2. 鱼型

鱼型车是指因斜背式汽车的背部像鱼的脊背而得名,是斜背式汽车的换代产品。最初的鱼型车是美国 1952 年生产的别克牌小客车。1964 年美国的克莱斯勒顺风牌和 1965年的福特野马牌都采用了鱼型造型,如图 5.6 所示。

图 5.6　鱼型(别克牌)

3. 船型

20 世纪 50 年代,为创造舒适、宽敞的乘坐空间,出现了船型车身的轿车,并由此成为当代轿车造型的主流。1949 年,福特汽车公司的 V8 轿车首先开创了船型车身的车型。船型车身的重要特点是开始应用人体工程学来设计车身,把乘坐位置放在振动最小的汽车中部。发动机在前部,行李舱在后部,还取消了脚踏板和单独的翼子板,扩大了汽车的内部空间,同时也减小了汽车侧面的空气阻力。因此,船型汽车受到了广泛的欢迎,一直盛行不衰。常见的奥迪 100C 型轿车,就是船型车身,其风阻系数只有 0.30,如图 5.7所示。

图5.7　船型（奥迪100C）

4.流线型

物体在流体中运动时所受的阻力，是由内摩擦和涡旋两个原因所造成的。在速度很小时，阻力的大小主要决定于内摩擦；在速度较大时，阻力的大小主要决定于涡旋，速度越快，涡旋的作用越大。为了有效地减小阻力，就要设法避免涡旋的形成。通过对鱼类的游泳进行观察，发现凡是游得快的鱼，如带鱼、鲨鱼等，都具有一种特殊的雪茄烟式的形状。又通过大量实验得出结论，把物体做成这种形状，的确能减小涡旋作用或避免涡旋的形成，因而大大地减低了流体对它的阻力。这种形状称为流线型。这种流线型设计构思已广泛应用于飞机、潜艇、汽车及轮船等，如图5.8所示。

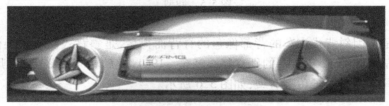

图5.8　流线型

5.楔型

楔型又称"鱼形鸭尾式"车型，如图5.9所示。虽然部分地克服了汽车高速行驶时的空气升力，但却未从根本上解决鱼型车身汽车的升力问题。在经过大量的探求和试验后，设计师最终找到了一种新车型——楔型。这种车型就是将车身整体向前下方倾斜，车身后部像刀切一样平直，这种造型能有效地克服升力。楔型汽车是从空气动力学角度进行设计的，这类车型通常现代感和速度感较强。

图5.9　楔型

（三）按车身结构形式分类

1. 单厢

单厢车是指发动机舱、乘客舱、行李舱连为一体，整体车身结构只有一个箱体的汽车，如图5.10所示。

图5.10　单厢车（大众迈特威）

1）特点

噪声较大，安全性不高，但价格低廉，装载量大且方便，空间扩展性好，用途多样。

2）典型代表

中国大部分的面包车，如依维柯、金杯、福田面包车等。

2. 两厢

两厢车是指少了突出的"屁股"的轿车，如街上经常可见的福克斯、POLO等车型，如图5.11所示。

图5.11　两厢车（福特福克斯）

3. 三厢

三厢车是轿车的标准形式。发动机、驾驶室和行李箱被逐一分开。一眼就可看到行李箱的两厢车也称三厢轿车，如图5.12所示。三厢车可以有更大的载物空间，但相应的油耗也就增加了，在城市拥挤的路况条件下，灵活性也不如两厢车。例如，雅阁、帕萨特等都是三厢车的代表。

图 5.12　三厢车

二、汽车车身的组成

汽车车身主要包括发动机盖、车身壳体、车门、车窗、车前钣制件及行李箱盖等,如图 5.13 所示。在货车和专用汽车上,还包括车厢和其他装备。

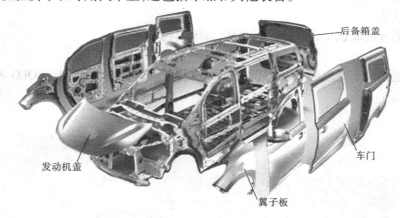

图 5.13　汽车车身结构

(一)发动机盖

发动机盖又称发动机罩,是最醒目的车身构件,是买车者经常要察看的部件之一,如图 5.14 所示。对发动机盖的主要要求是隔热隔音,自身质量小,刚性强。

发动机盖开启时,一般是向后翻转,也有小部分是向前翻转。向后翻转的发动机盖打开至预定角度,不应与前挡风玻璃接触,应有一个约为 10 mm 的最小间距。为防止在行驶时因振动自行开启,发动机盖前端要有保险锁钩锁止装置。锁止装置开关设置在车厢仪表板下面,当车门锁住时发动机盖也应同时锁住。

在结构上,发动机盖一般由外板和内板组成,如图 5.15、图 5.16 所示。中间夹以隔热

图 5.14　发动机盖

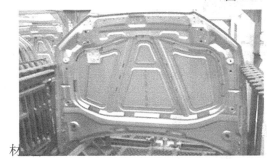

图 5.15　汽车发动机盖外板　　　　　图 5.16　汽车发动机盖内板

其几何形状由厂家选取,基本上是骨架形式。

（二）车顶盖

车顶盖是车厢顶部的盖板。对于轿车车身的总体刚度而言,顶盖不是很重要的部件,这也是允许在车顶盖上开设天窗的理由。从设计角度来讲,重要的是它如何与前后窗框以及与支柱交界点平顺过渡,以获得最好的视觉感和最小的空气阻力,如图 5.17 所示。

当然,为了安全,车顶盖还应有一定的强度和刚度。一般在顶盖下增加一定数量的加强梁,顶盖内层敷设绝热衬垫材料,以阻止外界温度的传导及减少振动时噪声的传递。

（三）行李箱盖

行李箱盖要求有良好的刚性,结构上基本与发动机盖相同,也有外板和内板,内板有加强筋。一些被称为"二厢半"的轿车,其行李箱向上延伸,包括后挡风玻璃在内,使开启面积增加,形成一个门,故称背门。这样,既保持一种三厢车形状,又能方便存放物品,如图 5.18 所示。

如果采用背门形式,背门内板侧要嵌装橡胶密封条,围绕一圈以防水防尘。行李箱盖开启的支承件一般用钩形铰链及四连杆铰链,铰链装有平衡弹簧,使启闭箱盖省力,并可

图 5.17　汽车顶盖

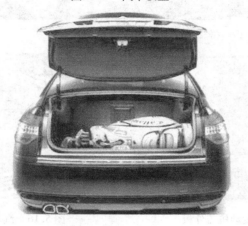

图 5.18　汽车行李箱盖

自动固定在打开位置,便于提取物品。

(四)翼子板

翼子板是遮盖车轮的车身外板,因旧式车身该部件形状及位置似鸟翼而得名。按照安装位置,可分为前翼子板和后翼子板。

1. 前翼子板

前翼子板安装在前轮处,必须要保证前轮转动及跳动时的最大极限空间,如图 5.19 所示。因此,设计者会根据选定的轮胎型号尺寸用"车轮跳动图"来验证翼子板的设计尺寸。

2. 后翼子板

后翼子板无车轮转动碰擦的问题,但出于空气动力学的考虑,后翼子板略显拱形弧线向外凸出,如图 5.20 所示。

当前有些轿车翼子板已与车身本体成为一个整体。但也有轿车的翼子板是独立的,尤其是前翼子板,因为前翼子板发生碰撞的可能性较大,独立装配容易整件更换。有些车的前翼子板用有一定弹性的塑性材料(如塑料)做成。塑性材料具有缓冲性,比较安全。

图 5.19　前翼子板

图 5.20　后翼子板

（五）前围板

前围板是指发动机舱与车厢之间的隔板,它与地板、前立柱连接,安装在前围上盖板之下。前围板上有许多孔口,供操纵用的拉线、拉杆、管路和电线束通过之用,还要配合踏板、方向机管柱等机件的安装位置,如图 5.21 所示。

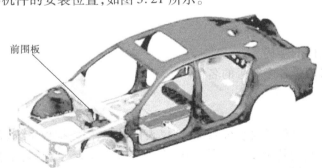

图 5.21　前围板

为防止发动机舱里的废气、高温、噪声窜入车厢,前围板上要有密封措施和隔热装置。在发生意外事故时,它应具有足够的强度和刚度。对比车身其他部件而言,前围板装配最重要的工艺技术是密封和隔热,它的优劣往往反映了车辆运行的质量。

【任务测试】

1.简述汽车车身的组成。

2.写出如图5.22所示汽车车身的类型。

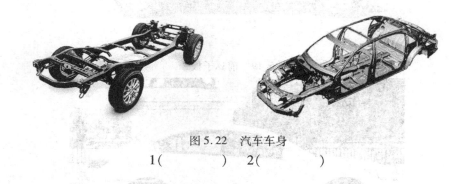

图5.22　汽车车身

1(　　　　　)　2(　　　　　)

任务二　识别汽车内部装饰

【任务描述】

车身附件是指安装于车身本体,提供辅助功能装置的总和,大致包括座椅、仪表装置、喇叭、风窗玻璃刮水器及洗涤器、除霜装置等。

【任务目标】

①识别汽车座椅的结构。
②识别汽车仪表盘各个符号的名称。

【任务内容】

汽车内部装饰主要包括仪表板系统、副仪表板系统、门内护板系统、顶棚系统、座椅系统、立柱护板系统、其余驾驶室内装件系统、驾驶室空气循环系统、行李箱内装件系统、发动机舱内装件系统、地毯、安全带、安全气囊、方向盘,以及车内照明、车内声学系统等,如图5.23所示。

一、汽车座椅

汽车座椅是决定驾驶位置的重要部件。驾驶员座椅装有位置调节机构。

图 5.23　汽车内部装饰

（一）汽车座椅的组成

汽车座椅是坐车时乘坐的座椅。按照部位，可分为前排座椅（由头枕、靠背、坐垫及扶手等组成）和后排座椅（由头枕、靠背、坐垫、侧翼及扶手等组成），如图 5.24 所示。

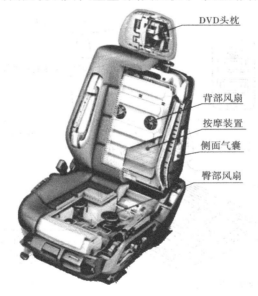

DVD头枕

背部风扇

按摩装置

侧面气囊

臀部风扇

图 5.24　汽车座椅的组成

（二）汽车座椅的分类

1. 按操纵方式分类

1）手动座椅

在驾驶汽车时，座位调整是非常重要的。当开车时，座位的调节是根据每个人的身高等不同设置，由人手动进行调节的，称为手动座椅，如图 5.25 所示。

2）电动座椅

电动座椅是指以电动机为动力，通过传动装置和执行机构来调节座椅的各种位置，使

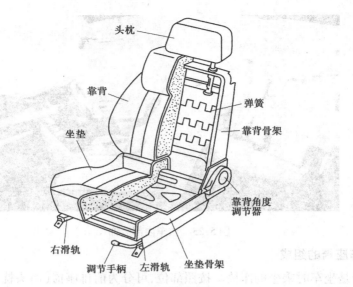

图 5.25　手动座椅

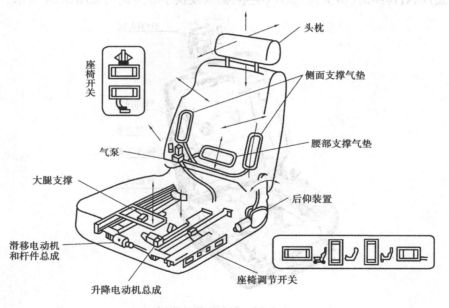

图 5.26　电动座椅

驾驶员或乘坐人员感到舒适的座椅,如图5.26所示。

2. 按座椅材质分类

1)真皮座椅

(1)优点

①容易清洁。相对于织物面套座椅来说,灰尘只能落在真皮座椅表面,而不会深入座椅深层,用布轻轻一擦就可完成清洁工作。

②更易散热。虽然真皮也会吸热,但它的散热性能更好,如图5.27所示。

（2）缺点

①表面易损。锐物是真皮的克星，因此，真皮座椅更需要小心呵护。

②坐感过滑。车主可能用系安全带或增加坐垫的方法来解决这个问题。事实上，一般生产厂家已针对这个问题，对真皮表面进行了皱褶处理，以增加摩擦系数。

图 5.27　真皮座椅

2）绒布座椅

（1）优点

①表面不易破损，寿命长。一旦遇上刀、剪、针等，真皮上就会留下印痕。比较来说，绒布就不会那么"娇气"了，而且修补起来，绒布的成本也远远低于真皮。更重要的是，真皮比绒布更容易出现老化现象，绒布座椅使用寿命更长。

②坐感稳固，防滑。绒布座椅坐上去感觉更稳，不会有打滑的感觉。

③价格低，质量小，透气性好，如图5.28所示。

（2）缺点

①容易藏污纳垢，不易清洁。灰尘会深入座椅深层，故清洁工作较繁重。因此，对绒布座椅，还需要购买坐垫等，否则一旦弄脏，就有可能渗入座椅内部。

②散热性差。夏日正午被阳光灼烤的车辆，如果是绒布座椅就无法尽快散热。

图 5.28　绒布座椅

二、汽车仪表及附件

(一)仪表盘

不同汽车的仪表不尽相同。一般汽车的常规仪表有车速里程表、转速表、机油压力表、水温表、燃油表及充电表等,如图5.29所示。

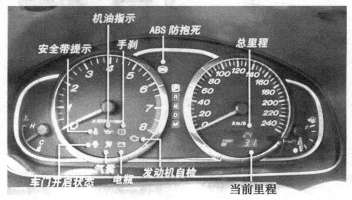

图5.29 汽车仪表盘

(二)汽车仪表常见符号

现代汽车仪表盘上放置了各式各样的指示灯或警报灯,如冷却液液面警报灯、燃油量指示灯、清洗器液面指示灯、充电指示灯、远近光变光指示灯、变速器挡位指示灯、制动防抱死系统(ABS)指示灯、驱动力控制指示灯及安全气囊(SRS)警报灯等,如图5.30所示。

燃油	(水)温度计	油压	充电指示	转向指示灯	远光
近光	雾灯	手制动	制动失效	安全带	油温
示廓(宽)灯	真空度	驱动指示	发动机室	行李室	停车灯
危急报警	风窗除霜	风机	刮水/喷水器	刮水器	喷水器
车灯开关	阻风门	喇叭	点烟器	后刮水器	后喷水器

图5.30 汽车仪表常见符号

三、安全装置

（一）安全带

现代轿车必须装备安全带,前排座椅装用三点式安全带,后排座椅装用两点式安全带和三点式安全带。

1.前排座椅安全带

常见轿车前排座椅安全带如图5.31所示。

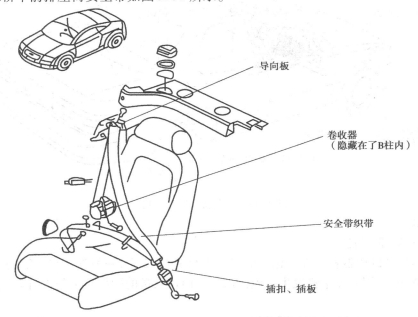

导向板

卷收器
（隐藏在了B柱内）

安全带织带

插扣、插板

图5.31 汽车前排座椅安全带

2.后排座椅安全带

常见轿车后排座椅安全带如图5.32所示。

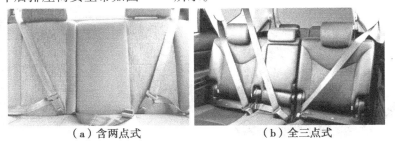

（a）含两点式   （b）全三点式

图5.32 后排座椅安全带

（二）安全气囊

电子安全气囊系统是一种被动安全性保护系统。它与座椅安全带配合使用,可为乘员提供有效的防撞保护。在汽车相撞时,汽车安全气囊可使头部受伤率减少25%,面部受伤率减少80%左右。

1. 组成

汽车安全气囊主要由安全气囊传感器、防撞安全气囊和电子控制装置等组成,如图5.33所示。

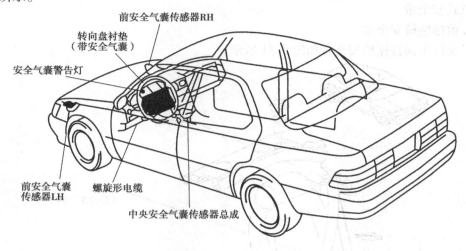

图 5.33 汽车安全气囊结构

2. 类型

1)单气囊、双气囊

在国内生产的中低档轿车中标配的气囊个数是 1~2 个,一般都是在车辆的驾驶和副驾驶位置各一个,用来在车辆发生猛烈撞击时对前排乘员的胸部和头部进行有效保护,如图 5.34 所示。

图 5.34 单气囊

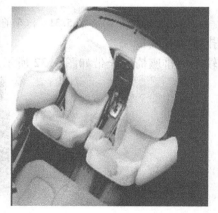

图 5.35 四气囊

2)四气囊

在一些中档的 B 级车中,一般都会装有 4 个气囊,除了位于驾驶、副驾驶位的两个,在它的侧面车门内也装有两个。它能有效地缓冲来自前方和侧面的强大冲击力,如图 5.35

所示。

3）多气囊

在一些高档车中，甚至配备了6个气囊和18个气帘，分别位于车内前排正副驾驶位，前后车门两侧各两个，18个气帘分布在前后挡风玻璃处，侧面视窗处，对来自各个方向的撞击提供最有效的保护，如图5.36所示。

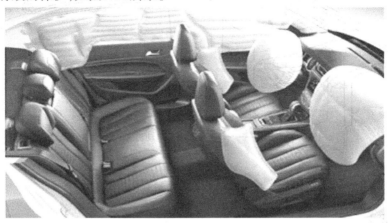

图5.36　多气囊

四、风窗刮水器和洗涤器

（一）风窗刮水器

刮水器又称雨刷、雨刮器或挡风玻璃雨刷，是用来刷刮附着于车辆挡风玻璃上的雨点及灰尘的设备，以改善驾驶人的能见度，增强行车安全。几乎所有的汽车都带有雨刷。掀背车及休旅车等车辆的后车窗也装有雨刷，如图5.37所示。

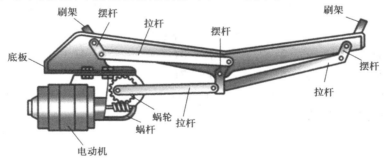

图5.37　风窗刮水器的结构

（二）风窗洗涤器

在汽车挡风玻璃上除了雨水、霜雪外，还经常有泥浆、灰尘及油污等。为了刮洗干净，用洗涤器配合刮水器将污垢洗刷掉。挡风玻璃洗涤器也可兼作洗涤前照灯之用。

洗涤器由喷水器电动机、储水箱、喷水管及喷嘴等组成，如图5.38所示。

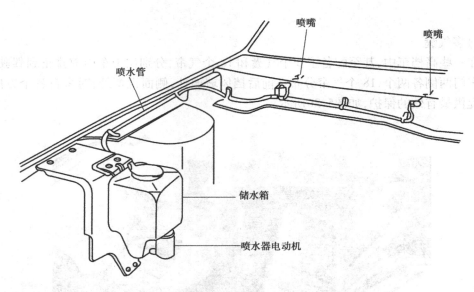

喷嘴

喷嘴

喷水管

储水箱

喷水器电动机

图5.38 风窗洗涤器结构

【任务测试】

1. 写出如图5.39所示仪表符号的名称。

图5.39 仪表符号

1(   ) 2(   ) 3(   ) 4(   )

5(   ) 6(   ) 7(   ) 8(   )

9(   ) 10(   ) 11(   ) 12(   )

2. 简述汽车安全带的功用。

【项目学习鉴定】

通过本项目的学习,应能通过学习鉴定,具备所要求的能力。

项目学习鉴定表

序号	鉴定内容	鉴定结果	
		合格	不合格
1	结合项目,完成相关学习内容		
2	正确认识汽车车身的类型		
3	正确认识轿车车身的结构及特点		
4	正确认识轿车内部装饰的结构及特点		
5	能有效收集学习资料,拓展学习		
6	能团队合作学习,正确交流		

上述所有表格内容必须合格。如果不合格,应咨询教师是否需要增加学习活动,以达到学习要求。

教师签字_____

学生签字_____

完成日期_____

参考文献

［1］郭新华.汽车构造［M］.北京:高等教育出版社,2004.

［2］闵永军,万茂松,周良,等.汽车故障诊断与维修技术［M］.北京:高等教育出版社,2004.

［3］马东霄,曹景升,李贤彬.汽车维修实训教程［M］.北京:人民邮电出版社,2002.

［4］仇雅莉.汽车发动机构造与检修［M］.北京:机械工业出版社,2007.